광고하지 말고 언론하라!

세상을 움직이는 마케팅,
언론이 답이다.

광고하지 말고 언론하라!
세상을 움직이는 마케팅, 언론이 답이다.

ⓒ 윤서아 외 2024
초판 1쇄 인쇄 2024년 8월 16일
초판 1쇄 발행 2024년 8월 22일

공저자 윤서아 유정화 황지영 전명희 유진혁 유양석 문오영 이숙영 최은희
펴낸곳 재노북스
펴낸이 이시은
표지, 내지디자인 윤서아, 노상희
교정, 편집 윤서아, 노상희
ISBN 979-11-93297-27-8(13300)
정 가 19,500원

출판등록   2022년 4월 6일 (제2022-000006호)
서울시 금천구 가산디지털1로 205-27, 에이원 705호
팩 스 | 050-4095-0245
이메일 | dasolthebest@naver.com
원고접수 | 이메일 혹은 재노북스 카카오톡채널

당신의 경험이 재능이 되는 곳
당신의 노력이 노하우가 되는 곳
책으로 당신의 성장을 돕습니다.

작가님의 참신한 아이디어나 원고를 기다립니다.
접수한 원고는 검토 후 연락드리겠습니다.

광고하지 말고 언론하라!

세상을 움직이는 마케팅, 언론이 답이다.

윤서아 유정화 황지영 전명희 유진혁 유양석 문오영 이숙영 최은희 공저

재노북스

추천사

'광고하지 말고 언론하라!'는 현대 미디어 환경에서 브랜드를 성공적으로 알리는 데 필수적인 안내서입니다. 이 책은 단순한 이론서를 넘어 실제 현장에서 적용 가능한 전략과 기술을 제공합니다. 특히 AI와 데이터 분석을 활용한 홍보 전략은 디지털 시대의 변화에 발 빠르게 대응하는 방법을 제시합니다. 미디어 리터러시부터 위기관리까지, 언론 홍보의 모든 측면을 포괄하는 이 책은 학계와 업계 모두에게 값진 자산이 될 것입니다. 언론 홍보에 관심 있는 모든 이에게 강력히 추천합니다.

이동호, 글로벌이비즈니스 연구소장

20년 넘게 마케팅 업계에 몸담아온 저로서는 이 책이 얼마나 귀중한 자료인지 잘 알고 있습니다. '광고하지 말고 언론하라!'는 단순히 언론 홍보 기술을 넘어 브랜드의 본질적 가치를 전달하는 방법을 깊이 있게 다룹니다. 특히 창업기업을 위한 맞춤형 언론마케팅 전략은 신생 기업들에게 실질적인 도움이 될 것입니다. 또한 기자들의 시선을 사로잡는 보도자료 작성법은 모든 PR 전문가들이 숙지해야 할 내용입니다. 이 책은 마케팅 전략을 수립하는 모든 이에게 새로운 시각과 아이디어를 제공할 것입니다.

이은호, 원비즈연구소 대표

이 책에서 제시하는 창업기업 맞춤형 언론마케팅 전략은 실제로 우리 회사의 미디어 노출을 크게 증가시켰습니다. 특히 사업화 단계별 언론홍보 활용 사례는 우리와 같은 스타트업에게 매우 유용한 로드맵이 되었습니다. 또한 디지털 시대의 언론법과 온라인 명예훼손 대응 전략은 리스크 관리에 큰 도움이 되었습니다. 한정된 예산으로 최대의 효과를 내야 하는 스타트업들에게 이 책은 필수적인 가이드가 될 것입니다.

정원훈, 텐스페이스 이사

추천사

　이 책은 단순히 언론 홍보 기술만을 다루는 것이 아니라, 어떻게 하면 독자들의 마음을 움직이는 콘텐츠를 만들 수 있는지에 대한 깊이 있는 고찰을 담고 있습니다. 인터뷰 기사 작성법 부분도 매우 유익했습니다. 이 책은 작가, 기자, PR 전문가뿐만 아니라 자신의 이야기를 효과적으로 전달하고 싶은 모든 이에게 큰 도움이 될 것입니다.

서명중, 명지대학교 산업대학원 객원교수

　이 책은 현대 기업 홍보의 패러다임을 바꿀 수 있는 혁신적인 내용을 담고 있습니다. 특히 위기관리와 신속한 대응 전략 부분은 우리 팀의 업무 프로세스를 개선하는 데 큰 도움이 되었습니다. 또한 멀티채널 홍보 캠페인 구축 전략은 통합적인 커뮤니케이션 접근법을 수립하는 데 새로운 시각을 제공했습니다. 이 책은 단순한 테크닉을 넘어 언론 홍보의 본질과 가치를 깊이 있게 다루고 있어, 홍보 분야의 전문성을 높이고자 하는 모든 실무자들에게 필수적인 교과서가 될 것입니다.

한경옥, 알앤피교육컨설팅 대표

　이 책은 단순히 언론을 활용하는 방법을 넘어, 미디어를 비판적으로 이해하고 활용하는 능력의 중요성을 잘 설명하고 있습니다. 특히 신문활용교육과 기자단을 활용한 언론홍보 마케팅 부분은 미디어 교육의 새로운 방향을 제시합니다. 또한 디지털 시대의 언론 윤리와 법적 문제에 대한 고찰은 책임 있는 미디어 활용의 중요성을 일깨워줍니다. 이 책은 언론 홍보 전문가뿐만 아니라 모든 시민들의 미디어 리터러시 향상에 큰 도움이 될 것입니다.

오호준, 메디라이트 아카데미 대표

프롤로그 : 언로의 힘, 브랜드의 날개

당신의 브랜드가 세상에 알려지길 원하십니까? 당신의 메시지가 사람들의 마음에 깊이 새겨지길 바라십니까? 그렇다면 이제 '광고'를 넘어 '언론'의 힘을 활용할 때입니다.

우리는 지금 정보의 홍수 속에 살고 있습니다. 매일 수많은 광고와 마케팅 메시지가 우리를 향해 쏟아집니다. TV, 라디오, 신문, 잡지, 그리고 인터넷과 소셜 미디어까지. 이 모든 채널을 통해 끊임없이 광고가 흘러나옵니다. 하지만 역설적이게도, 광고가 많아질수록 사람들은 광고에 더욱 무감각해집니다. 광고 피로도가 높아지고, 사람들은 의도적으로 광고를 회피하기 시작했습니다.

그렇다면 이제 어떻게 해야 할까요? 답은 바로 '언론'에 있습니다.

언론은 광고와는 다릅니다. 언론은 중립성과 객관성을 기반으로 합니다. 언론을 통해 전달되는 메시지는 단순한 선전이 아닌, 가치 있는 정보로 인식됩니다. 그렇기에 사람들은 언론을 통해 전달되는 메시지에 더 높은 신뢰를 보내고, 더 주의 깊게 귀 기울입니다.

이 책, "광고하지 말고 언론하라!"는 바로 이 '언론의 힘'을 어떻게 효과적으로 활용할 수 있는지 알려줍니다. 9명의 각 분야 전문가들이 모여 자신들의 경험과 노하우를 아낌없이 공유했습니다. 이 책은 단순한 이론서가 아닙니다. 현장에서 직접 부딪히며 얻은 실전 경험, 수많은 시행착오 끝에 얻어낸

미디어리터러시부터 브랜딩전략까지

귀중한 인사이트들로 가득합니다.

　먼저, 우리는 언론홍보의 새로운 트렌드와 효과적인 미디어 커뮤니케이션 전략에 대해 이야기할 것입니다. 디지털 혁명으로 인해 언론 환경이 어떻게 변화했는지, 그리고 이에 따라 우리의 홍보 전략은 어떻게 진화해야 하는지 살펴볼 것입니다. 인공지능과 빅데이터를 활용한 최신 홍보 기법, 타겟 오디언스를 정확히 분석하고 그들에게 맞춤형 메시지를 전달하는 방법, 그리고 다양한 채널을 통합적으로 활용하는 멀티채널 홍보 캠페인 전략까지. 이 모든 것이 여러분의 브랜드를 성공으로 이끄는 열쇠가 될 것입니다.

　하지만 언론홍보는 단순히 기술의 문제만은 아닙니다. 그 근간에는 '미디어 리터러시'가 자리 잡고 있습니다. 우리는 미디어를 어떻게 이해하고, 어떻게 활용해야 하는지에 대해 깊이 있게 다룰 것입니다. 또한 서포터즈 기자단을 어떻게 효과적으로 운영할 수 있는지, 그들을 통해 어떻게 진정성 있는 메시지를 전달할 수 있는지에 대해서도 상세히 알아볼 것입니다.

　언론홍보의 핵심은 '콘텐츠'입니다. 아무리 좋은 전략이 있어도, 전달할 내용이 빈약하다면 그 효과는 미미할 수밖에 없습니다. 그래서 우리는 기자들의 시선을 사로잡는 보도자료를 어떻게 작성할 수 있는지, 산업의 흐름을 꿰뚫는 통찰력 있는 산업기사를 어떻게 만들어낼 수 있는지 자세히 살펴볼 것입니다. 이를 통해 여러분은 단순한 홍보를 넘어, 업계의 오피니언 리더로 자리매김할 수 있을 것입니다.

프롤로그: 언론의 힘, 브랜드의 날개

브랜딩도 빼놓을 수 없는 중요한 주제입니다. 언론홍보를 통해 어떻게 브랜드의 가치를 높일 수 있는지, 그리고 그렇게 만들어진 콘텐츠를 어떻게 다양한 채널로 확장시켜 나갈 수 있는지에 대해 구체적인 사례와 함께 알아볼 것입니다. 특히 소셜 미디어와의 시너지 효과를 극대화하는 방법은, 디지털 시대를 살아가는 모든 브랜드에게 필수적인 지식이 될 것입니다.

우리는 특별히 창업기업을 위한 맞춤형 언론마케팅 전략도 준비했습니다. 자금과 인력이 부족한 스타트업들이 어떻게 효과적으로 언론을 활용할 수 있는지, 각 성장 단계별로 어떤 전략을 취해야 하는지 상세히 알아볼 것입니다. 이 부분은 단순히 창업기업뿐만 아니라, 새로운 사업을 런칭하는 대기업에게도 매우 유용한 인사이트를 제공할 것입니다.

그러나 언론홍보에는 항상 위험이 도사리고 있습니다. 잘못된 대응 한 번으로 회사의 명성이 순식간에 무너질 수 있습니다. 그래서 우리는 위기관리와 신속한 대응 전략에 대해서도 심도 있게 다룰 것입니다. 또한 디지털 시대의 새로운 위협인 온라인 명예훼손과 초상권 침해 문제에 대해서도 법률 전문가의 조언을 들어볼 것입니다. 이를 통해 여러분은 더욱 안전하고 효과적인 언론홍보 활동을 펼칠 수 있을 것입니다.

언론홍보의 세계에서 '인터뷰'는 빼놓을 수 없는 중요한 요소입니다. 우리는 효과적인 인터뷰 준비 방법부터, 인터뷰 중 주의해야 할 점, 그리고 인터뷰 후 관리까지 모든 과정을 상세히 다룰 것입니다. 이를 통해 여러분은 인터

미디어리터러시부터 브랜딩전략까지

뷰를 통해 자신의 메시지를 가장 효과적으로 전달하는 방법을 터득할 수 있을 것입니다.

우리는 또한 미래의 언론인을 양성하는 '어린이 기자단' 운영에 대해서도 알아볼 것입니다. 이는 단순한 홍보를 넘어, 사회적 책임을 다하는 기업의 모습을 보여주는 좋은 방법이 될 것입니다. 더불어 신문활용교육(NIE)을 통해 어떻게 브랜드 이미지를 높이고 잠재 고객을 확보할 수 있는지에 대해서도 배우게 될 것입니다.

마지막으로, 우리는 '칼럼니스트'의 역할에 대해 깊이 있게 다룰 것입니다. 어떻게 하면 독자들과 진정한 공감을 이끌어낼 수 있는지, 어떻게 하면 자신의 메시지를 가장 효과적으로 전달할 수 있는지에 대해 알아볼 것입니다. 이는 단순히 칼럼을 쓰는 사람들뿐만 아니라, 모든 커뮤니케이션 전문가들에게 큰 도움이 될 것입니다.

이 책을 통해 여러분은 '언론의 힘'을 이해하고, 그것을 효과적으로 활용하는 방법을 배우게 될 것입니다. 이는 단순히 여러분의 브랜드를 알리는 것을 넘어, 사회에 긍정적인 영향을 미치는 방법이기도 합니다. 언론을 통해 우리는 가치 있는 정보를 공유하고, 중요한 이슈에 대해 대화를 이끌어낼 수 있습니다. 이는 브랜드의 가치를 높이는 동시에, 우리 사회를 더 나은 방향으로 이끄는 힘이 될 것입니다.

프롤로그: 언론의 힘, 브랜드의 날개

"광고하지 말고 언론하라!"는 단순한 슬로건이 아닙니다. 이는 현대 마케팅의 새로운 패러다임이자, 브랜드와 소비자, 그리고 사회가 함께 성장할 수 있는 방법입니다. 이 책을 통해 여러분은 이 새로운 패러다임을 깊이 이해하고, 실천할 수 있는 구체적인 방법을 얻게 될 것입니다.

언론의 힘을 통해 여러분의 브랜드에 날개를 달아보시겠습니까? 이 책은 여러분을 그 출발점으로 안내할 것입니다. 함께 새로운 마케팅의 지평을 열어갑시다. 여러분의 브랜드가 단순한 상품이나 서비스를 넘어, 사회에 의미 있는 가치를 전달하는 존재로 거듭나는 순간을 함께 만들어 갑시다.

이 책은 그 여정을 위한 완벽한 나침반이 되어줄 것입니다. 자, 이제 첫 페이지를 넘겨볼까요?

마지막으로, 이 책의 탄생에 기여한 모든 분들께 깊은 감사를 드립니다. 한국미디어창업뉴스 취재기자들의 통찰과 경험, 항상 우리를 응원해 주시는 독자 여러분의 사랑이 이 책의 근간이 되었습니다.

그리고 언제나 우리의 글과 소식을 기다려주시고, 아낌없는 응원을 보내주시는 독자 여러분! 여러분의 관심과 사랑이 더 가치 있는 정보를 전달하고자 하는 열정으로 이끌어주었습니다.

미디어리터러시부터 브랜딩전략까지

  이 책을 통해 우리가 함께 나눈 지혜가 여러분의 성공을 위한 디딤돌이 되기를, 그리고 더 나은 미디어 환경을 만들어가는 작은 씨앗이 되기를 진심으로 희망합니다. 이제, 새로운 언론의 시대를 향한 여정을 시작해볼까요?

2024년 8월 가산디지털단지에서 한국미디어창업뉴스 편집장 올림

목 차

추천사 … 4
프롤로그 … 6

PART1

언론홍보의 새로운 트렌드와 효과적인 미디어 커뮤니케이션 전략 _윤 서 아

- 언론홍보의 핵심 키워드 … 19
- 디지털 혁명과 언론의 3가지 핵심 변화 … 21
- 인공지능과 데이터 분석을 활용한 7가지 홍보 전략 … 26
- 타겟 오디언스 분석 및 맞춤형 메시지 개발 … 33
- 멀티채널 홍보 캠페인 구축 … 43
- 위기관리와 신속한 대응 전략 … 47
- 언론홍보에서의 투명성과 신뢰성 강화 … 50

PART2

미디어 리터러시와 서포터즈 기자단 운영법 _유 정 화

- 미디어리터러시의 정의와 필요성 … 59
- 인터넷신문과 언론미디어의 역할 … 62
- 기자단 교육의 필요성 … 65
- 서포터즈 기자단 운영법 … 68
- 미디어리터러시 향상을 위한 제언 … 74
- 앞으로의 전망과 과제 … 75

목 차

PART3

기자들이 주목하는 보도자료와 산업기사 _ 황 지 영

산업기사의 역할과 작성법	81
산업기사로 기업홍보하자	86
산업기사의 최신 트렌드	90
기자들이 주목하는 보도자료 작성법	94

PART4

브랜딩 홍보기사를 통한 콘텐츠 확장 _ 전 명 희

인터넷 언론 홍보를 통한 브랜드 마케팅의 힘	103
가치를 제공하는 브랜딩 홍보 기사 작성법	106
브랜드 홍보 기사, 소셜 미디어 시너지를 활용한 홍보 전략	110
브랜딩 홍보 기사를 쓰기 위한 기자의 역할 및 태도	114
브랜딩 홍보 기사를 통한 콘텐츠 확장 사례 (1) - 작가, 1인 기업가	117
브랜딩 홍보 기사를 통한 콘텐츠 확장 사례 (2) - 학원	119

목차

PART5

창업기업 맞춤형 언론마케팅 전략 _ 유 진 혁

창업기업 언론마케팅의 가치	125
창업기업을 위한 언론마케팅의 강점과 제약	126
창업기업에 맞는 4가지 언론마케팅 전략	128
사업화 단계별 언론홍보의 활용 사례	131
창업기업의 3가지 유형별 언론홍보의 활용사례	137
창업가를 위한 언론홍보의 최적 활용 포인트	149

PART6

디지털 시대의 언론법, 온라인 명예훼손과 초상권 _ 유 양 석

디지털 시대의 언론과 법	160
온라인 명예훼손의 법적 이해	162
초상권 침해와 법적 보호 방법	165
법적 대응과 예방 전략	168

PART7

인터뷰기사 작성법 _ 문 오 영

인터뷰 준비하기	177
인터뷰 진행하기	182
인터뷰 기사 작성하기	188
고객과의 관계 형성	192

PART8

신문활용교육과 기자단을 활용한 언론홍보 마케팅 _ 이 숙 영

신문활용교육의 정의와 역사	203
신문활용교육의 방법과 교육적 의미	204
어린이 신문과 어린이 기자단	209
기자단을 활용한 언론 홍보 마케팅	216

PART9

칼럼니스트의 역할과 독자와의 공감포인트 _ 최 은 희

이 시대 칼럼의 역할과 중요성	227
칼럼 작성 전 준비할 것	229
칼럼 스타일과 문체	231
강력한 주장과 논리적인 전개	234
독자와의 연결과 공감	236
칼럼이 주는 메시지	238

에필로그   244

윤서아 수석기자

"교육과 미디어의 경계를 넘나드는 혁신가"

온라인 교육의 새 지평을 열어가는 혁신적 교육자이자 미디어 전문가입니다. 끊임없는 혁신으로 온라인 교육과 디지털 미디어의 가능성을 탐구하며, 실용적이고 접근성 높은 학습 기회를 제공하기 위해 노력합니다. 교육과 미디어의 융합을 통해 더 나은 미래를 만들어가는 데 기여하고 있습니다.

한국미디어창업뉴스의 대표이자 편집장으로서 인터넷신문사를 운영하며, 지역 언론인으로 활발히 활동 중입니다. 미디어와 교육의 시너지를 통해 AI 콘텐츠 제작과 1인 미디어 창업 분야에서 기업, 재단, 협회의 교육 수요에 부응하고 있습니다.

- 재노북스 출판사 편집장
- 한국미디어창업뉴스 편집장
- 재노스쿨 & 미디어창업아카데미 평생교육원 원장
- 60여종 민간자격과정 기획 및 운영 총괄

광고하지 말고 언론하라!

———————————————☾

세상을 움직이는 마케팅,
언론이 답이다.

Part 1

언론홍보의 새로운 트렌드와
효과적인 미디어 커뮤니케이션 전략

CONTENTS

언론홍보의 핵심 키워드 _____ 19

디지털 혁명과 언론의 3가지 핵심 변화 _____ 21

인공지능과 데이터 분석을 활용한 7가지 홍보 전략 _____ 26

타겟 오디언스 분석 및 맞춤형 메시지 개발 _____ 33

멀티채널 홍보 캠페인 구축 _____ 43

위기관리와 신속한 대응 전략 _____ 47

언론홍보에서의 투명성과 신뢰성 강화 _____ 50

언론홍보의 핵심 키워드

1) 데이터 기반 홍보

언론홍보에서 데이터 기반 접근은 매우 중요하다. 데이터를 통해 소비자의 행동과 선호도를 파악하고, 이를 바탕으로 맞춤형 홍보 전략을 수립하는 것이 필수적이다.

예를 들어, 소셜 미디어 분석 도구를 활용해 특정 키워드가 언제, 어디서, 얼마나 많이 언급되는지 파악하면 홍보의 타이밍과 내용을 최적화할 수 있다. 데이터를 통해 얻은 인사이트는 홍보 활동의 성공 가능성을 높이는 데 큰 도움이 된다.

2) 인공지능과 자동화

인공지능(AI)과 자동화 기술의 발전은 홍보 활동에도 큰 변화를 가져오고 있다. AI는 방대한 데이터를 분석해 트렌드를 예측하고, 자동화 도구는 반복적인 업무를 효율적으로 처리할 수 있게 한다.

예를 들어, AI를 활용한 미디어 모니터링 시스템은 실시간으로 언론 보도를 추적하고, 브랜드 언급량을 분석해준다.

이를 통해 홍보 담당자는 빠르게 대응하고 전략을 조정할 수 있다. 자동화된 보도자료 배포 시스템은 홍보 활동의 효율성을 극대화하는 데 기여한다.

3) 맞춤형 콘텐츠와 개인화

개인화된 콘텐츠는 홍보 전략의 핵심이다. 소비자들은 자신과 관련된 정보를 더 선호하며, 맞춤형 콘텐츠는 높은 참여도를 이끌어낸다. 예를 들어, 이메일 마케팅에서 수신자의 이름을 포함하고, 그들의 관심사에 맞춘 정보를 제공하면 반응률이 크게 증가한다.

또한, 소비자 데이터에 기반한 개인화된 광고 캠페인은 더 높은 전환율을 보인다. 맞춤형 콘텐츠는 소비자와의 긴밀한 관계를 형성하는 데 중요한 역할을 한다.

4) 신뢰와 투명성

언론홍보에서 신뢰와 투명성은 여전히 중요한 키워드다. 소비자들은 진정성 있는 브랜드를 더 신뢰하며, 투명한 커뮤니케이션을 선호한다. 예를 들어, 위기 상황에서 기업의 신속하고 솔직한 대응은 신뢰를 회복하는 데 큰 도움이 된다.

또한, 소셜 미디어를 통해 고객과 직접 소통하고, 피드백에 적극적으로 대응하는 것이 중요하다. 투명한 정보 공개와 윤리적인 홍보 활동은 장기적으로 브랜드 이미지에 긍정적인 영향을 미친다.

5) 멀티채널 접근

다양한 채널을 통해 홍보 활동을 전개하는 멀티채널 접근이 필요하다. 전통적인 미디어뿐만 아니라, 소셜 미디어, 블로그, 팟캐스트 등 다양한 플랫폼을 활용해 메시지를 전달해야 한다.

예를 들어, 신제품 출시 시 보도자료를 통해 언론에 알리는 것과 동시에, 소셜 미디어에서 라이브 스트리밍을 통해 직접 소비자와 소통하는 방법을 사용할 수 있다. 멀티채널 접근은 더 넓은 범위의 타깃에게 효과적으로 다가갈 수 있는 방법이다.

결론적으로, 언론홍보는 데이터 기반의 전략, AI와 자동화, 맞춤형 콘텐츠, 신뢰와 투명성, 그리고 멀티채널 접근을 중심으로 변화하고 있다.

이러한 트렌드를 이해하고 적절히 활용하는 것이 성공적인 홍보 활동을 위한 열쇠다. 변화하는 환경 속에서 효과적인 미디어 커뮤니케이션 전략을 통해 브랜드 가치를 극대화할 수 있을 것이다.

디지털 혁명과 언론의 3가지 핵심 변화

디지털 혁명은 현대 사회의 다양한 측면에 깊은 영향을 미쳤으며, 언론 산업도 예외는 아니다. 인터넷의 보급, 스마트폰의 대중화, 소셜 미디어의 부상 등은 전통적인 언론 매체의 운영 방식과 콘텐츠 소비 패턴을 근본적으로 변화시켰다.

이 장에서는 디지털 혁명이 언론에 미친 영향을 다각도로 분석하고, 그에 따른 변화와 새로운 트렌드에 대해 논의해보겠다.

1) 전통 언론의 디지털 전환

전통적인 신문, 라디오, TV와 같은 매체는 디지털 전환을 통해 생존과 성장을 도모하고 있다. 디지털 전환은 단순히 종이 신문을 온라인 버전으로 제공하는 것을 넘어서, 콘텐츠 제작과 배포 방식의 근본적인 변화를 의미한다.

a. 온라인 뉴스 플랫폼

많은 전통 언론사는 자사의 웹사이트를 통해 뉴스를 제공하며, 이를 통해 독자와의 접점을 확대하고 있다. 뉴욕타임스, 워싱턴포스트와 같은 주요 언론사는 온라인 구독 모델을 도입해 독자에게 고품질의 콘텐츠를 유료로 제공하고 있다. 이는 광고 수익에만 의존하던 기존 모델에서 탈피해 새로운 수익원을 창출하는 방식이다.

b. 멀티미디어 콘텐츠

디지털 환경에서는 텍스트뿐만 아니라 이미지, 동영상, 인터랙티브 그래픽 등 다양한 형태의 멀티미디어 콘텐츠가 중요한 역할을 한다. 예를 들어, BBC와 같은 방송사는 기사와 함께 동영상 클립을 제공하거나, 인터랙티브 지도를 통해 독자가 뉴스를 더 깊이 이해할 수 있도록 돕는다. 이는 독자의 관심을 끌고 유지하는 데 효과적이다.

c. 소셜 미디어 활용

트위터, 페이스북, 인스타그램과 같은 소셜 미디어 플랫폼은 뉴스 배포의 주요 채널로 자리잡았다. 언론사는 소셜 미디어를 통해 실시간으로 뉴스를 전하고, 독자와의 상호작용을 강화한다.

예를 들어, CNN은 트위터를 통해 속보를 전하며, 독자들의 반응을 즉각적으로 수집하고 피드백을 반영한다. 이는 전통적인 일방향 커뮤니케이션에서 벗어나 쌍방향 소통을 가능하게 한다.

2) 디지털 혁명이 언론의 콘텐츠 제작에 미친 영향

디지털 혁명은 콘텐츠 제작 방식에도 큰 변화를 가져왔다. 기술의 발전은 기자들이 더 효율적으로 정보를 수집하고, 분석하며, 전달할 수 있게 했다.

a. 데이터 저널리즘

데이터 저널리즘은 방대한 데이터를 분석해 뉴스 스토리를 만드는 방식이다. 데이터 분석 도구와 프로그래밍 언어를 활용해 복잡한 데이터를 시각화하고, 독자에게 쉽게 전달할 수 있다.

예를 들어, 가디언은 데이터 저널리즘을 통해 영국 총선의 결과를 시각화하고, 지역별 투표 경향을 분석해 독자에게 제공했다. 이는 단순한 기사보다 더 깊이 있는 인사이트를 제공하며, 독자의 이해를 돕는다.

b. 자동화된 뉴스 생산

AI와 머신러닝 기술은 뉴스 생산의 자동화를 가능하게 했다. 로이터와 같은 뉴스 기관은 AI를 활용해 스포츠 경기 결과, 주식 시장 보고서 등의 단순한 기사를 자동으로 생성한다. 이는 기자들이 더 복잡하고 창의적인 작업에 집중할 수 있도록 돕는다.

c. 가상현실(VR)과 증강현실(AR)

VR과 AR 기술은 독자에게 몰입감 있는 경험을 제공한다. 뉴욕타임스는 VR을 활용해 시리아 내전의 현장을 생생하게 전달한 바 있다. 독자는 VR 기기를 통해 현장에 있는 것처럼 느낄 수 있으며, 이는 감정적인 공감을 이끌어내는 데 효과적이다.

3) 독자의 변화하는 뉴스 소비 패턴

디지털 혁명은 독자의 뉴스 소비 패턴에도 큰 변화를 가져왔다. 다양한 디지털 플랫폼을 통해 뉴스에 접근할 수 있게 되면서 독자의 기대와 요구도 변화했다.

a. 모바일 우선

스마트폰의 보급으로 많은 독자가 모바일 기기를 통해 뉴스를 소비한다. 이는 뉴스 콘텐츠가 모바일 친화적으로 제작되어야 함을 의미한다. 짧고 간결한 기사, 스크롤을 최소화한 디자인, 빠른 로딩 속도 등은 모바일 뉴스 소비에 필수적이다. 또한, 푸시 알림을 통해 속보를 즉시 전달하는 것도 중요하다.

b. 소셜 미디어의 영향력

많은 독자가 소셜 미디어를 통해 뉴스를 접한다. 이는 언론사가 소셜 미디어를 적극적으로 활용해 뉴스를 배포하고, 독자와 상호작용해야 함을 의미한다.

또한, 소셜 미디어를 통해 확산되는 가짜 뉴스에 대한 경각심을 높이고, 신뢰할 수 있는 정보를 제공하는 것이 중요하다.

c. 개인화된 뉴스

알고리즘을 통한 개인화된 뉴스 제공은 독자에게 맞춤형 콘텐츠를 제공한다. 예를 들어, 구글 뉴스와 애플 뉴스는 사용자의 관심사와 이전 검색 기록을 바탕으로 관련 뉴스를 추천한다. 이는 독자가 더 흥미를 느끼는 뉴스를 쉽게 찾을 수 있도록 돕는다.

4) 디지털 환경에서의 언론의 도전과 기회

디지털 혁명은 언론사에 많은 기회를 제공하지만, 동시에 여러 도전 과제도 안고 있다.

a. 수익 모델의 변화

전통적인 광고 수익 모델이 감소하면서 언론사는 새로운 수익 모델을 찾아야 한다. 유료 구독, 프리미엄 콘텐츠, 멤버십 프로그램 등 다양한 방식이 시도되고 있다.

예를 들어, 뉴욕타임스는 디지털 구독을 통해 수익을 창출하고 있으며, 이는 광고 수익의 감소를 보완하는 중요한 방법이다.

b. 가짜 뉴스와 정보의 신뢰성

디지털 환경에서 가짜 뉴스와 잘못된 정보의 확산은 큰 문제이다. 언론사는 신뢰할 수 있는 정보를 제공하고, 팩트 체크를 강화해야 한다. 또한, 독자 교육을 통해 미디어 리터러시를 높이는 것도 중요하다. 이는 언론의 신뢰성을 유지하고, 독자가 올바른 정보를 접할 수 있도록 돕는다.

c. 기술의 빠른 변화

기술의 빠른 발전은 언론사에게 끊임없는 혁신을 요구한다. 새로운 플랫폼과 도구를 빠르게 학습하고 적용하는 능력이 중요하다. 또한, 기술을 활용해 콘텐츠의 질을 높이고, 독자와의 상호작용을 강화하는 것도 필요하다.

5) 미래를 향한 언론의 길

디지털 혁명은 언론에 많은 변화를 가져왔으며, 앞으로도 그 영향력은 계속될 것이다. 언론사는 디지털 환경에 적응하고, 새로운 트렌드를 적극적으로 수용해야 한다.

데이터 기반의 접근, AI와 자동화 기술의 활용, 맞춤형 콘텐츠의 제공, 신뢰와 투명성의 강화, 멀티채널 접근 등은 언론 홍보의 핵심 키워드이다. 이를 통해 언론사는 독자와의 신뢰를 유지하고, 더 나은 서비스를 제공할 수 있을 것이다.

디지털 혁명은 언론에게 도전과 기회를 동시에 제공한다. 이 변화를 잘 활용한다면, 언론사는 더 큰 영향력을 발휘할 수 있을 것이다. 앞으로의 언론은 독자와의 소통을 강화하고, 신뢰할 수 있는 정보를 제공하며, 기술을 활용해 혁신을 이어가는 것이 중요하다. 이러한 노력이 모여 언론의 미래를 밝게 만들어 갈 것이다.

인공지능과 데이터 분석을 활용한 7가지 홍보 전략

디지털 시대의 급속한 발전은 언론 홍보와 마케팅에 많은 변화를 가져왔다. 그 중에서도 인공지능(AI)과 데이터 분석 기술은 홍보 전략의 핵심 도구로 자리잡고 있다.

AI와 데이터 분석은 방대한 정보를 빠르게 처리하고, 이를 기반으로 한 전략적 의사결정을 가능하게 한다. 이 장에서는 AI와 데이터 분석을 활용한 홍보 전략에 대해 자세히 살펴보겠다.

1) 인공지능의 도입과 언론 홍보의 혁신

인공지능은 언론 홍보의 다양한 측면에서 혁신을 가져왔다. AI는 뉴스 콘텐츠 생성, 소셜 미디어 관리, 독자 참여 분석 등 여러 분야에서 활용되고 있다.

[전략1] 자동화된 콘텐츠 생성

AI를 활용하면 뉴스 기사와 홍보 콘텐츠를 자동으로 생성할 수 있다. 예를 들어, AP 통신과 로이터는 스포츠 경기 결과나 주식 시장 보고서와 같은 단순한 뉴스를 AI를 통해 작성한다. 이는 기자들이 더 복잡하고 창의적인 작업에 집중할 수 있도록 돕는다. 또한, AI는 방대한 데이터를 빠르게 분석해 트렌드를 파악하고, 이를 바탕으로 독자들이 관심을 가질 만한 주제를 선정할 수 있다.

[전략2] 소셜 미디어 관리

AI는 소셜 미디어 관리에도 큰 도움을 준다. 예를 들어, AI 기반의 소셜 미디어 관리 도구는 게시물 작성, 게시 시간 최적화, 사용자 반응 분석 등을 자동으로 처리한다. 이는 마케팅 팀이 효율적으로 소셜 미디어 캠페인을 운영할 수 있도록 한다. 또한, AI는 소셜 미디어 상의 대화를 분석해 브랜드에 대한 긍정적, 부정적 언급을 파악하고, 이를 바탕으로 신속하게 대응할 수 있다.

[전략3] 독자 참여 분석

AI는 독자의 행동을 분석해 그들의 관심사와 소비 패턴을 파악할 수 있다. 예를 들어, AI는 독자의 클릭, 스크롤, 댓글, 공유 등의 행동 데이터를 분석해 그들이 어떤 주제에 관심을 갖고 있는지, 어떤 형태의 콘텐츠를 선호하는지를 알 수 있다. 이를 통해 맞춤형 콘텐츠를 제공하고, 독자와의 상호작용을 강화할 수 있다.

2) 데이터 분석의 중요성과 활용 방법

데이터 분석은 홍보 전략을 세우는 데 필수적인 도구이다. 방대한 데이터를 분석해 유의미한 정보를 도출하고, 이를 바탕으로 전략적 의사결정을 할 수 있다.

[전략4] 데이터 수집과 정제

데이터 분석의 첫 단계는 데이터를 수집하고 정제하는 것이다. 이는 소셜 미디어, 웹사이트, 설문조사, 고객 피드백 등 다양한 채널에서 데이터를 수집하는 것을 포함한다. 수집된 데이터는 정제 과정을 거쳐 불필요한 정보를 제거하고, 분석 가능한 형태로 가공된다. 이는 분석의 정확성과 신뢰성을 높이는 데 중요하다.

[전략5] 데이터 시각화

수집된 데이터를 효과적으로 이해하기 위해서는 데이터 시각화가 필요하다. 데이터 시각화 도구는 복잡한 데이터를 그래프, 차트, 맵 등의 시각적 형태로 표현해 쉽게 이해할 수 있도록 돕는다.

예를 들어, 히트맵을 사용해 웹사이트의 방문자 행동을 시각화하면 방문자들이 어느 부분에 관심을 갖는지, 어떤 페이지에서 이탈하는지를 쉽게 파악할 수 있다.

[전략6] 예측 분석

데이터 분석의 중요한 활용 방법 중 하나는 예측 분석이다. 예측 분석은 과거 데이터를 바탕으로 미래의 경향을 예측하는 것이다. 이는 트렌드 예측, 시장 분석, 소비자 행동 예측 등에 활용된다.

예를 들어, AI는 소셜 미디어 데이터를 분석해 다음 시즌의 인기 제품을 예측하거나, 특정 캠페인의 성공 가능성을 평가할 수 있다.

[전략7] 개인화된 콘텐츠 제공

데이터 분석을 통해 얻은 인사이트는 개인화된 콘텐츠 제공에 활용될 수 있다. 이는 독자의 관심사와 소비 패턴을 기반으로 맞춤형 콘텐츠를 제공하는 것이다.

예를 들어, AI는 독자의 과거 클릭 기록을 분석해 관련 기사를 추천하거나, 개인화된 뉴스레터를 발송할 수 있다. 이는 독자의 참여를 높이고, 충성도 있는 독자를 확보하는 데 효과적이다.

3) AI와 데이터 분석을 활용한 홍보 전략 사례

AI와 데이터 분석을 활용한 홍보 전략은 다양한 사례에서 그 효과를 입증하고 있다. 여기서는 몇 가지 대표적인 사례를 통해 AI와 데이터 분석이 어떻게 홍보 전략에 활용되고 있는지 살펴보겠다.

a. 넷플릭스의 개인화된 추천 시스템

넷플릭스는 AI와 데이터 분석을 통해 개인화된 추천 시스템을 운영하고 있다. 넷플릭스는 사용자의 시청 기록, 평가, 검색 기록 등을 분석해 맞춤형 콘텐츠를 추천한다.

이는 사용자 경험을 향상시키고, 시청 시간을 늘리는 데 기여한다. 넷플릭스의 사례는 개인화된 콘텐츠 제공이 사용자 참여를 높이고, 충성도 있는 고객을 확보하는 데 얼마나 중요한지 보여준다.

b. 코카콜라의 소셜 미디어 분석

코카콜라는 AI를 활용해 소셜 미디어 데이터를 분석하고 있다. AI는 트위터, 페이스북, 인스타그램 등의 데이터를 분석해 브랜드에 대한 긍정적, 부정적 언급을 파악하고, 이를 바탕으로 신속하게 대응한다.

예를 들어, 부정적인 언급이 증가하면 즉시 대응 전략을 수립해 문제를 해결하거나, 긍정적인 언급이 많을 때는 이를 활용해 마케팅 캠페인을 강화한다. 이는 브랜드 이미지 관리와 고객 만족도 향상에 큰 도움을 준다.

c. 아마존의 가격 최적화

아마존은 AI와 데이터 분석을 통해 가격 최적화 전략을 운영하고 있다. 아마존은 시장 동향, 경쟁사 가격, 재고 상태 등을 실시간으로 분석해 최적의 가격을 설정한다.

이는 매출을 극대화하고, 경쟁 우위를 확보하는 데 기여한다. 아마존의 사례는 데이터 분석이 얼마나 효과적인 가격 전략을 수립하는 데 중요한 역할을 하는지 보여준다.

d. 뉴욕타임스의 구독자 예측 모델

뉴욕타임스는 AI와 데이터 분석을 통해 구독자 예측 모델을 운영하고 있다. 뉴욕타임스는 구독자의 행동 데이터를 분석해 구독 취소 가능성을 예측하고, 이를 바탕으로 맞춤형 마케팅 전략을 수립한다.

예를 들어, 구독 취소 가능성이 높은 독자에게는 특별 할인 혜택을 제공하거나, 구독 취소 이유를 파악해 개선하는 전략을 취한다. 이는 구독자 유지를 높이고, 수익을 극대화하는 데 기여한다.

4) AI와 데이터 분석의 도전 과제와 극복 방안

AI와 데이터 분석은 많은 가능성을 제공하지만, 동시에 여러 도전 과제도 안고 있다. 여기서는 이러한 도전 과제를 살펴보고, 이를 극복하기 위한 방안을 논의하겠다.

a. 데이터 프라이버시

데이터 분석의 가장 큰 도전 과제 중 하나는 데이터 프라이버시이다. 데이터 수집과 분석 과정에서 개인 정보가 노출될 위험이 있기 때문에, 이를 보호하는 것이 중요하다. 이를 극복하기 위해서는 데이터 익명화, 암호화, 접근 제어 등의 기술을 활용해 개인 정보를 보호해야 한다.

또한, 데이터 수집과 활용에 대한 명확한 정책을 수립하고, 사용자의 동의를 얻는 것도 중요하다.

b. 데이터 품질

데이터 분석의 정확성과 신뢰성은 데이터 품질에 크게 의존한다. 데이터가 정확하고 일관성 있게 수집되지 않으면 분석 결과도 왜곡될 수 있다. 이를 극복하기 위해서는 데이터 수집 과정에서의 오류를 최소화하고, 정기적으로 데이터 품질을 검증하는 절차를 마련해야 한다. 또한, 데이터 정제 과정을 통해 불필요한 정보를 제거하고, 분석 가능한 형태로 가공하는 것이 중요하다.

c. 기술 도입 비용

AI와 데이터 분석 기술의 도입에는 비용이 수반된다. 이는 특히 중소기업에게 큰 부담이 될 수 있다. 이를 극복하기 위해서는 비용 효율적인 솔루션을 찾고, 단계적으로 기술을 도입하는 전략이 필요하다.

또한, 클라우드 기반의 데이터 분석 도구를 활용하면 초기 투자 비용을 줄이고, 유연하게 기술을 도입할 수 있다.

d. 전문 인력 부족

AI와 데이터 분석 기술을 효과적으로 활용하기 위해서는 전문 인력이 필요하다. 그러나 이러한 인력을 확보하는 것은 쉽지 않다. 이를 극복하기 위해서는 내부 인력을 재교육하거나, 외부 전문가와 협력하는 방법을 고려할 수 있다.

또한, AI와 데이터 분석 기술을 쉽게 사용할 수 있는 도구와 플랫폼을 활용해 비전문가도 효과적으로 데이터를 분석할 수 있도록 지원하는 것이 중요하다.

타겟 오디언스 분석 및 맞춤형 메시지 개발

디지털 시대의 홍보와 마케팅에서 가장 중요한 요소 중 하나는 타겟 오디언스 분석과 맞춤형 메시지 개발이다. 고객의 관심과 요구를 정확하게 파악하고, 그에 맞는 메시지를 전달하는 것이 성공적인 홍보 전략의 핵심이다. 이 장에서는 타겟 오디언스를 분석하고, 맞춤형 메시지를 개발하는 방법에 대해 자세히 살펴보겠다.

1) 타겟 오디언스 분석의 중요성

타겟 오디언스 분석은 홍보와 마케팅 전략 수립의 첫 단계이다. 이는 고객의 특성, 행동, 선호도를 이해하고, 이를 바탕으로 효과적인 메시지를 개발하기 위한 필수 과정이다.

a. 고객 세분화

고객 세분화는 타겟 오디언스 분석의 첫 단계이다. 이는 고객을 인구 통계학적 특성, 심리적 특성, 행동적 특성 등을 기준으로 그룹화하는 것이다. 예를 들어, 나이, 성별, 소득 수준, 교육 수준 등의 인구 통계학적 특성을 기준으로 고객을 세분화할 수 있다.

한, 라이프스타일, 가치관, 관심사 등의 심리적 특성이나 구매 빈도, 구매 채널 등의 행동적 특성을 기준으로도 세분화할 수 있다.

b. 페르소나 개발

페르소나는 세분화된 고객 그룹을 대표하는 가상의 인물이다. 이는 고객의 특성, 요구, 목표를 구체적으로 정의하는 데 도움이 된다.

예를 들어, 30대 여성으로서, 건강과 웰빙에 관심이 많고, 온라인 쇼핑을 자주 이용하는 페르소나를 개발할 수 있다. 페르소나는 타겟 오디언스를 구체적으로 이해하고, 그들에게 맞는 메시지를 개발하는 데 유용하다.

c. 고객 여정 분석

고객 여정 분석은 고객이 제품이나 서비스를 구매하는 과정에서 겪는 다양한 단계를 이해하는 것이다. 이는 인지 단계, 고려 단계, 구매 단계, 구매 후 단계로 나눌 수 있다. 각 단계에서 고객이 어떤 행동을 하고, 어떤 정보를 필요로 하는지를 파악하는 것이 중요하다.

예를 들어, 인지 단계에서는 제품에 대한 관심을 끌기 위한 정보가 필요하고, 구매 단계에서는 가격 비교나 리뷰와 같은 상세한 정보가 필요하다.

d. 데이터 수집과 분석

타겟 오디언스 분석은 데이터에 기반해야 한다. 이는 설문조사, 인터뷰, 소셜 미디어 분석, 웹사이트 분석 등을 통해 이루어진다.

예를 들어, 설문조사를 통해 고객의 요구와 선호도를 파악하고, 소셜 미디어 분석을 통해 고객의 관심사를 이해할 수 있다. 또한, 웹사이트 분석을 통해 고객의 방문 경로, 체류 시간, 클릭 패턴 등을 파악할 수 있다.

2) 맞춤형 메시지 개발

타겟 오디언스를 분석한 후에는 그들에게 맞는 맞춤형 메시지를 개발하는 것이 중요하다. 이는 고객의 요구와 관심사에 부합하는 콘텐츠를 제공하고, 이를 통해 고객의 참여를 유도하는 것이다.

a. 메시지의 핵심 요소

맞춤형 메시지를 개발할 때는 메시지의 핵심 요소를 명확히 해야 한다. 이는 메시지의 목표, 핵심 메시지, 서브 메시지 등으로 구성된다.

예를 들어, 건강 제품을 홍보하는 경우, 메시지의 목표는 건강한 라이프 스타일을 촉진하는 것이며, 핵심 메시지는 제품의 건강 효과, 서브 메시지는 사용 방법과 혜택일 수 있다.

b. 스토리텔링

스토리텔링은 맞춤형 메시지를 전달하는 효과적인 방법이다. 이는 고객이 쉽게 공감하고 기억할 수 있도록 메시지를 이야기 형태로 구성하는 것이다.

예를 들어, 제품을 사용한 고객의 성공 사례를 이야기로 풀어내면, 고객의 관심을 끌고, 제품에 대한 긍정적인 인식을 심어줄 수 있다. 스토리텔링은 메시지를 감성적으로 전달하고, 고객과의 정서적 연결을 강화하는 데 유용하다.

c. 개인화된 콘텐츠

개인화된 콘텐츠는 고객의 특성과 행동에 맞춘 맞춤형 메시지를 제공하는 것이다. 이는 이메일 마케팅, 소셜 미디어 광고, 웹사이트 추천 등 다양한 채널을 통해 이루어진다.

예를 들어, 고객의 구매 기록을 분석해 관련 제품을 추천하거나, 고객의 관심사에 맞는 콘텐츠를 제공할 수 있다. 개인화된 콘텐츠는 고객의 참여를 높이고, 충성도 있는 고객을 확보하는 데 효과적이다.

d. 채널별 전략

각 채널의 특성에 맞는 맞춤형 메시지를 개발하는 것도 중요하다. 이는 채널별로 고객의 이용 패턴과 선호도가 다르기 때문이다.

예를 들어, 소셜 미디어에서는 짧고 시각적인 콘텐츠가 효과적이며, 이메일 마케팅에서는 상세하고 개인화된 메시지가 필요하다. 또한, 블로그나 웹사이트에서는 깊이 있는 정보와 유용한 팁을 제공하는 것이 좋다.

3) 타겟 오디언스 분석과 맞춤형 메시지 개발 사례

타겟 오디언스 분석과 맞춤형 메시지 개발의 중요성을 잘 보여주는 몇 가지 사례를 살펴보겠다.

a. 아마존의 추천 시스템

아마존은 고객의 구매 기록, 검색 기록, 클릭 패턴 등을 분석해 개인화된 추천 시스템을 운영하고 있다. 이는 고객이 관심을 가질 만한 제품을 추천하고, 구매 가능성을 높이는 데 기여한다.

예를 들어, 특정 제품을 자주 검색하는 고객에게 관련 제품을 추천하거나, 구매한 제품과 함께 사용할 수 있는 액세서리를 추천한다. 아마존의 추천 시스템은 고객의 참여를 높이고, 매출을 증대시키는 데 큰 도움을 준다.

b. 넷플릭스의 개인화된 콘텐츠

넷플릭스는 고객의 시청 기록, 평가, 검색 기록 등을 분석해 개인화된 콘텐츠를 제공한다. 이는 고객이 선호하는 장르, 배우, 감독 등을 바탕으로 맞춤형 추천을 제공하고, 시청 시간을 늘리는 데 기여한다.

예를 들어, 특정 장르의 영화를 자주 시청하는 고객에게 관련 영화나 드라마를 추천하거나, 인기 있는 시리즈의 새로운 시즌이 출시될 때 알림을 제공한다. 넷플릭스의 개인화된 콘텐츠 제공은 고객의 만족도를 높이고, 충성도 있는 고객을 확보하는 데 효과적이다.

c. 스타벅스의 로열티 프로그램

스타벅스는 고객의 구매 기록과 선호도를 분석해 개인화된 혜택을 제공하는 로열티 프로그램을 운영하고 있다. 이는 고객이 자주 방문하도록 유도하고, 브랜드에 대한 충성도를 높이는 데 기여한다.

예를 들어, 특정 음료를 자주 구매하는 고객에게 해당 음료의 할인 쿠폰을 제공하거나, 생일에 무료 음료 쿠폰을 제공한다. 스타벅스의 로열티 프로그램은 고객의 참여를 높이고, 재방문을 유도하는 데 효과적이다.

d. 코카콜라의 소셜 미디어 캠페인

코카콜라는 소셜 미디어 분석을 통해 고객의 관심사와 선호도를 파악하고, 맞춤형 소셜 미디어 캠페인을 운영하고 있다. 이는 고객의 참여를 유도하고, 브랜드에 대한 긍정적인 이미지를 심어주는 데 기여한다.

예를 들어, 특정 이벤트나 축제 기간에 맞춘 소셜 미디어 캠페인을 운영하거나, 고객이 직접 참여할 수 있는 온라인 이벤트를 개최한다. 코카콜라의 소셜 미디어 캠페인은 고객의 참여를 높이고, 브랜드 인지도를 확산하는 데 효과적이다.

4) 맞춤형 메시지의 도전 과제와 극복 방안

맞춤형 메시지를 개발하는 과정에서 여러 도전 과제가 있을 수 있다. 여기서는 이러한 도전 과제를 살펴보고, 이를 극복하기 위한 방안을 논의하겠다.

a. 데이터 프라이버시와 윤리적 문제

개인화된 메시지를 제공하기 위해서는 고객의 데이터를 수집하고 분석해야 한다. 그러나 이는 데이터 프라이버시와 윤리적 문제를 야기할 수 있다.

이를 극복하기 위해서는 데이터 수집과 활용에 대한 명확한 정책을 수립하고, 고객의 동의를 얻는 것이 중요하다. 또한, 데이터 익명화, 암호화 등의 기술을 활용해 개인 정보를 보호해야 한다.

b. 데이터 분석의 정확성

데이터 분석의 정확성은 맞춤형 메시지의 효과에 큰 영향을 미친다. 데이터가 정확하지 않거나 불완전하면 분석 결과도 왜곡될 수 있다. 이를 극복하기 위해서는 데이터 수집 과정에서의 오류를 최소화하고, 정기적으로 데이터 품질을 검증하는 절차를 마련해야 한다.

또한, 데이터 정제 과정을 통해 불필요한 정보를 제거하고, 분석 가능한 형태로 가공하는 것이 중요하다.

데이터 분석의 정확성은 맞춤형 메시지의 성공 여부를 결정짓는 중요한 요소이다. 데이터 수집 과정에서의 오류를 최소화하고, 정기적인 데이터 품질 검증을 통해 정확성을 유지하며, 데이터 정제 과정을 통해 분석 가능한 형태로 가공하는 것이 필요하다.

또한, 최신 데이터 분석 기술을 활용해 보다 정확한 분석을 수행하고, 효과적인 맞춤형 메시지를 개발할 수 있다. 이를 통해 고객의 요구와 선호를 정확히 반영하는 맞춤형 메시지를 제공하고, 고객과의 긴밀한 관계를 유지하며, 지속적인 성공을 이룰 수 있을 것이다.

c. 개인화의 한계

개인화된 메시지를 제공하는 과정에서 모든 고객의 요구와 선호도를 완벽하게 반영하는 것은 어렵다. 이는 고객의 다양성과 개별적인 차이 때문이며, 개인화가 과도하게 이루어질 경우 역효과를 초래할 수도 있다.

이를 극복하기 위해서는 개인화의 수준을 적절하게 조절하고, 고객의 피드백을 반영해 지속적으로 메시지를 조정하는 것이 중요하다. 또한, 개인화와 일반적인 정보를 균형 있게 제공해 고객의 다양한 요구를 충족시켜야 한다.

d. 기술적 어려움

맞춤형 메시지를 제공하기 위해서는 고도의 기술적 역량이 필요하다. 이는 AI와 데이터 분석 기술의 도입, 데이터 인프라의 구축, 전문 인력의 확보 등을 포함한다.

이를 극복하기 위해서는 단계적으로 기술을 도입하고, 비용 효율적인 솔루션을 찾는 것이 중요하다. 또한, 클라우드 기반의 데이터 분석 도구를 활용하면 초기 투자 비용을 줄이고, 유연하게 기술을 도입할 수 있다. 외부 전문가와의 협력이나 전문 교육 프로그램을 통해 내부 인력을 양성하는 것도 좋은 방법이다.

5) 맞춤형 메시지 개발의 미래 전망

맞춤형 메시지 개발은 앞으로 더욱 중요해질 전망이다. 디지털 기술의 발전과 데이터 분석 능력의 향상은 개인화의 수준을 높이고, 고객의 경험을 극대화하는 데 기여할 것이다.

a. AI와 머신러닝의 발전

AI와 머신러닝 기술의 발전은 맞춤형 메시지 개발의 새로운 가능성을 열어줄 것이다.

예를 들어, AI는 고객의 실시간 행동을 분석해 즉각적으로 맞춤형 메시지를 생성하고, 머신러닝 알고리즘은 고객의 변화하는 요구와 선호도를 학습해 지속적으로 메시지를 개선할 수 있다. 이는 고객의 경험을 더욱 개인화하고, 효율적으로 관리할 수 있도록 도울 것이다.

b. 옴니채널 마케팅

옴니채널 마케팅은 다양한 채널을 통해 일관된 메시지를 제공하는 전략이다. 이는 온라인과 오프라인 채널을 통합해 고객의 경험을 최적화하는 데 중점을 둔다. 맞춤형 메시지를 옴니채널 마케팅에 적용하면, 고객이 어떤 채널을 통해 접속하든지 개인화된 경험을 제공할 수 있다.

예를 들어, 온라인에서 제품을 검색한 고객에게 오프라인 매장에서 관련 정보를 제공하거나, 모바일 앱을 통해 맞춤형 혜택을 제공하는 것이 가능하다.

c. 고객 참여와 상호작용의 강화

맞춤형 메시지는 고객의 참여와 상호작용을 강화하는 데 중요한 역할을 한다. 예를 들어, 개인화된 퀴즈, 설문조사, 이벤트 등을 통해 고객이 직접 참여할 수 있는 기회를 제공하면, 고객의 관심과 충성도를 높일 수 있다.

또한, 소셜 미디어를 통해 고객과의 실시간 상호작용을 강화하고, 고객의 피드백을 적극적으로 반영하는 것이 중요하다.

d. 데이터 통합과 협력

미래의 맞춤형 메시지 개발에서는 데이터 통합과 협력이 중요한 역할을 할 것이다. 이는 다양한 소스에서 수집된 데이터를 통합해 일관된 정보를 제공하고, 협력을 통해 더 나은 인사이트를 얻는 것을 의미한다.

예를 들어, 여러 부서 간의 데이터 공유를 통해 고객의 전반적인 행동을 파악하거나, 외부 파트너와의 협력을 통해 더욱 풍부한 데이터를 확보할 수 있다.

e. 윤리적 고려와 규제 준수

디지털 시대의 맞춤형 메시지 개발에서는 윤리적 고려와 규제 준수가 더욱 중요해질 것이다. 이는 데이터 프라이버시 보호, 윤리적 데이터 사용, 투명한 커뮤니케이션 등을 포함한다. 기업은 고객의 데이터를 책임감 있게 관리하고, 관련 규제를 준수하며, 윤리적 기준을 준수하는 것이 중요하다. 이는 고객의 신뢰를 유지하고, 장기적인 성공을 보장하는 데 필수적이다.

타겟 오디언스 분석과 맞춤형 메시지 개발은 디지털 시대의 홍보와 마케팅에서 필수적인 요소이다. 고객의 특성, 행동, 선호도를 이해하고, 이를 바탕으로 개인화된 메시지를 제공함으로써 고객의 참여를 유도하고, 브랜드의 충성도를 높일 수 있다.

데이터 프라이버시와 윤리적 문제, 데이터 분석의 정확성, 개인화의 한계, 기술적 어려움 등 여러 도전 과제가 있지만, 이를 극복하기 위한 다양한 방안을 통해 성공적인 맞춤형 메시지 전략을 수립할 수 있다.

미래의 맞춤형 메시지 개발에서는 AI와 머신러닝의 발전, 옴니채널 마케팅, 고객 참여와 상호작용의 강화, 데이터 통합과 협력, 윤리적 고려와 규제 준수가 중요한 역할을 할 것이다.

이를 통해 더욱 정교하고 효과적인 맞춤형 메시지를 제공하고, 고객과의 긴밀한 관계를 유지하며, 지속적인 성공을 이루어낼 수 있을 것이다.

멀티채널 홍보 캠페인 구축

현대의 홍보 환경은 과거와 비교할 수 없을 정도로 복잡해졌다. 인터넷과 디지털 기술의 발전으로 인해 다양한 채널이 등장했으며, 소비자들은 여러 플랫폼을 통해 정보를 접하게 되었다. 이러한 변화는 기업에게도 큰 기회를 제공하지만 동시에 도전 과제도 안겨준다.

멀티채널 홍보 캠페인은 다양한 채널을 통합적으로 활용하여 일관된 메시지를 전달하는 전략이다. 이를 통해 더 넓은 범위의 소비자에게 도달하고, 각 채널의 특성을 최대한 활용하여 효과적인 홍보를 할 수 있다.

1) 멀티채널 전략의 중요성

멀티채널 전략은 다양한 홍보 채널을 통합적으로 활용하여 메시지를 전달하는 것을 목표로 한다. 이는 다음과 같은 이유로 중요하다:

▶ 접근성 증대: 각기 다른 소비자는 각기 다른 채널을 선호한다. 멀티채널 접근을 통해 다양한 소비자에게 접근할 수 있다.

▶ 메시지 일관성 유지: 여러 채널을 통해 일관된 메시지를 전달함으로써 브랜드 이미지를 강화할 수 있다.

▶ 채널별 특성 활용: 각 채널의 특성과 장점을 최대한 활용하여 효율적인 홍보가 가능하다.

2) 채널 선택과 통합

성공적인 멀티채널 캠페인을 위해서는 적절한 채널 선택과 이들 채널의

통합이 중요하다. 이를 위해 다음과 같은 요소를 고려해야 한다:

▶ 목표 설정: 캠페인의 목표를 명확히 설정해야 한다. 이는 브랜드 인지도 제고, 제품 판매 증가, 고객 참여 증대 등 다양한 목표가 될 수 있다.

▶ 타겟 오디언스 분석: 타겟 오디언스의 특성과 선호하는 채널을 분석하여 최적의 채널을 선택해야 한다.

▶ 채널 특성 이해: 각 채널의 특성과 장점을 이해하고, 이를 최대한 활용할 수 있는 전략을 마련해야 한다.

▶ 메시지 일관성 유지: 다양한 채널을 통해 전달되는 메시지가 일관되도록 해야 한다. 이를 위해 캠페인의 핵심 메시지와 브랜딩 요소를 명확히 정의해야 한다.

3) 주요 채널과 활용 방법

▶ 소셜 미디어: 소셜 미디어는 실시간 소통이 가능하며, 넓은 범위의 소비자에게 접근할 수 있는 강력한 채널이다. 페이스북, 인스타그램, 트위터, 링크드인 등 각 플랫폼의 특성을 활용한 맞춤형 콘텐츠를 제작하여 공유하는 것이 중요하다.

▶ 이메일 마케팅: 이메일은 개인화된 메시지를 전달할 수 있는 효과적인 채널이다. 고객의 행동 데이터를 기반으로 맞춤형 이메일 캠페인을 구성하면 높은 참여율을 얻을 수 있다.

▶ 검색 엔진 최적화(SEO): 검색 엔진을 통해 자연스럽게 유입되는 트래픽을 증대시키기 위해 SEO 전략을 활용할 수 있다. 키워드 연구, 콘텐츠 최

적화, 백링크 구축 등을 통해 검색 엔진에서의 가시성을 높이는 것이 중요하다.

▶ 콘텐츠 마케팅: 블로그, 백서, 전자책 등의 콘텐츠를 통해 유용한 정보를 제공함으로써 소비자와의 신뢰를 구축할 수 있다. 이는 장기적으로 브랜드 인지도를 높이고, 고객 충성도를 강화하는 데 도움이 된다.

▶ 온라인 광고: 구글 애드워즈, 페이스북 광고, 네이티브 광고 등 다양한 온라인 광고 채널을 통해 목표 타겟에게 직접적으로 메시지를 전달할 수 있다. 이를 통해 신속하게 인지도를 높이고, 제품 및 서비스의 판매를 촉진할 수 있다.

4) 데이터 기반 의사결정

멀티채널 캠페인의 성공 여부는 데이터를 얼마나 효과적으로 활용하느냐에 달려 있다. 데이터 기반 의사결정은 다음과 같은 단계를 포함한다:

▶ 데이터 수집: 다양한 채널에서 데이터를 수집하여 소비자의 행동과 선호를 분석해야 한다. 이를 위해 웹 분석 도구, 소셜 미디어 분석 도구, CRM 시스템 등을 활용할 수 있다.

▶ 데이터 분석: 수집된 데이터를 분석하여 캠페인의 성과를 평가하고, 향후 전략을 개선할 수 있는 인사이트를 도출해야 한다. 예를 들어, 특정 채널에서 높은 참여율을 보이는 콘텐츠 유형을 파악할 수 있다.

▶ 실시간 모니터링: 캠페인의 진행 상황을 실시간으로 모니터링하여 필요한 경우 즉각적으로 대응할 수 있어야 한다. 이를 통해 예상치 못한 문제를 빠르게 해결하고, 캠페인의 효과를 극대화할 수 있다.

▶ 성과 측정: 각 채널별로 설정된 목표에 따른 성과를 측정하고, 이를 기반으로 ROI(Return on Investment)를 평가해야 한다. 이를 통해 캠페인의 성공 여부를 객관적으로 판단할 수 있다.

▶ 지속적인 개선: 데이터 분석 결과를 바탕으로 캠페인을 지속적으로 개선해 나가야 한다. 이는 반복적인 테스트와 피드백을 통해 가능하다.

5) 사례 연구: 성공적인 멀티채널 캠페인

▶ 코카콜라의 '쉐어 어 코크' 캠페인: 코카콜라는 전 세계적으로 '쉐어 어 코크(Share a Coke)' 캠페인을 진행하며, 소비자와의 친밀감을 높였다. 각기 다른 이름이 적힌 코카콜라 병을 출시하여 소비자들이 자신이나 친구의 이름이 적힌 병을 찾도록 유도했다. 이 캠페인은 소셜 미디어, 전통 미디어, 이벤트 등을 통해 멀티채널로 전개되어 큰 성공을 거뒀다.

▶ 나이키의 '드림 크레이지' 캠페인: 나이키는 '드림 크레이지(Dream Crazy)' 캠페인을 통해 다양한 미디어 채널을 활용하여 브랜드 메시지를 전달했다. 이 캠페인은 TV 광고, 소셜 미디어, 유튜브 등을 통해 전개되었으며, 소비자들에게 큰 반향을 일으켰다. 특히, 소셜 미디어에서의 높은 참여율과 바이럴 효과로 인해 큰 성공을 거뒀다.

멀티채널 홍보 캠페인은 현대의 복잡한 미디어 환경에서 필수적인 전략이다. 이를 통해 다양한 채널을 통합적으로 활용하여 일관된 메시지를 전달하고, 더 넓은 범위의 소비자에게 도달할 수 있다.

성공적인 멀티채널 캠페인을 위해서는 적절한 채널 선택, 데이터 기반 의사결정, 채널별 특성 활용, 일관된 메시지 전달이 중요하다. 이를 통해 효과적인 홍보 전략을 구축하고, 브랜드 인지도와 소비자 참여를 높일 수 있다.

위기관리와 신속한 대응 전략

현대의 기업 환경은 그 어느 때보다도 빠르게 변화하고 있다. 소셜 미디어와 디지털 플랫폼의 확산으로 인해 기업은 예상치 못한 위기에 더욱 취약해졌다. 이러한 상황에서 위기관리는 기업의 지속 가능성을 확보하는 데 필수적이다. 효과적인 위기 관리는 신속하고 일관된 대응을 통해 기업의 평판을 보호하고, 장기적으로 신뢰를 유지하는 데 기여할 수 있다.

1) 위기의 정의와 유형

위기는 기업의 명성과 운영에 중대한 영향을 미치는 사건이나 상황을 의미한다. 위기는 예상치 못한 사건으로 발생하며, 다음과 같은 유형이 있다:

- ▶ 재난과 사고: 자연재해, 화재, 사고 등 물리적 피해를 초래하는 사건.
- ▶ 평판 위기: 제품 결함, 서비스 불만, 부정적 언론 보도 등으로 인해 발생하는 평판 손상.
- ▶ 재정적 위기: 불법 거래, 회계 부정, 파산 등의 금융 관련 문제.
- ▶ 법적 위기: 소송, 규제 위반, 법적 분쟁 등 법적 문제로 인한 위기.

2) 위기관리의 중요성

위기관리는 기업이 위기 상황을 적절히 대응하여 피해를 최소화하고 신속하게 정상화할 수 있도록 돕는다. 위기관리의 중요성은 다음과 같다:

- ▶ 평판 보호: 위기 상황에서 신속하고 적절한 대응을 통해 기업의 평판을 보호할 수 있다.
- ▶ 신뢰 유지: 투명하고 책임 있는 대응은 고객, 투자자, 직원 등 이해관계자와의 신뢰를 유지하는 데 중요하다.

▶ 법적 문제 예방: 신속한 대응은 법적 문제를 예방하거나 최소화하는 데 도움이 된다.

▶ 비용 절감: 위기 발생 시 효과적인 관리는 장기적으로 비용을 절감할 수 있다.

3) 위기관리 전략 수립

위기관리 전략은 사전 준비, 실시간 대응, 사후 평가의 세 단계로 나눌 수 있다.

▶ **사전 준비:**

⇒ 위기관리 계획 수립: 잠재적 위기 상황을 예상하고, 이에 대한 대응 계획을 마련해야 한다. 이는 위기 발생 시 신속하고 체계적인 대응을 가능하게 한다.

⇒ 위기관리 팀 구성: 다양한 분야의 전문가로 구성된 위기관리 팀을 마련하여 역할과 책임을 명확히 해야 한다.

⇒ 교육 및 훈련: 정기적인 교육과 훈련을 통해 직원들이 위기 상황에 대비할 수 있도록 한다.

▶ **실시간 대응:**

⇒ 신속한 대응: 위기 발생 시 신속하고 정확한 정보를 파악하여 초기 대응을 한다.

⇒ 일관된 커뮤니케이션: 일관된 메시지를 통해 내부 직원과 외부 이해관계자에게 정보를 전달한다. 이는 혼란을 줄이고 신뢰를 유지하는 데 중요하다.

⇒ 언론 대응: 언론과의 적극적인 소통을 통해 사실을 정확히 전달하고, 루머나 오해를 해소한다.

▶ 사후 평가:
⇒ 위기 대응 평가: 위기 상황이 종료된 후 대응 과정을 평가하여 개선점을 도출한다.
⇒ 피드백 반영: 평가 결과를 바탕으로 위기관리 계획과 절차를 개선한다.

4) 위기관리의 사례

▶ 타이레놀 사건(1982년)
존슨앤드존슨은 시카고 지역에서 발생한 타이레놀 독극물 혼입 사건에 대해 신속하고 투명하게 대응했다. 전량 회수와 안전성 강화 조치를 통해 소비자의 신뢰를 회복했다.

▶ 대한항공 땅콩 회항 사건(2014년)
대한항공은 고위 임원의 불미스러운 행동으로 인해 큰 위기를 맞았다. 신속한 사과와 임원 교체, 재발 방지 대책을 통해 상황을 수습했다.

▶ 삼성 갤럭시 노트7 배터리 폭발 사건(2016년)
삼성전자는 제품 회수와 교환, 배터리 문제 해결을 위한 조치를 신속히 취함으로써 브랜드 신뢰도를 유지했다.

5) 위기관리의 주요 요소

① 투명성: 위기 상황에서의 투명한 정보 공개는 신뢰를 유지하는 데 필수적이다. 정확하고 사실에 근거한 정보를 제공해야 한다.
② 책임감: 위기 상황에 대한 책임을 명확히 하고, 잘못된 부분에 대해 사과하고 해결책을 제시해야 한다.
③ 일관된 메시지: 혼란을 줄이고 신뢰를 유지하기 위해 일관된 메시지를

전달해야 한다. 이를 위해 미리 준비된 메시지와 커뮤니케이션 전략이 필요하다.

④ 신속한 대응: 초기 대응이 늦어지면 위기가 확대될 수 있다. 신속한 대응은 피해를 최소화하는 데 중요하다.

⑤ 후속 조치: 위기 상황이 종료된 후에도 지속적인 후속 조치를 통해 재발 방지를 위한 노력을 보여줘야 한다.

위기관리는 기업의 생존과 성공을 위한 필수적인 요소이다. 현대의 복잡한 미디어 환경에서는 위기의 발생 가능성이 더욱 높아지고 있으며, 이에 대한 신속하고 체계적인 대응이 요구된다.

기업은 사전 준비, 실시간 대응, 사후 평가를 통해 효과적인 위기관리 전략을 수립하고 실행해야 한다. 이를 통해 기업은 위기 상황에서도 신뢰를 유지하고, 장기적으로 지속 가능한 성장을 이룰 수 있다.

언론홍보에서의 투명성과 신뢰성 강화

언론홍보에서 투명성과 신뢰성은 기업과 조직의 성공을 좌우하는 핵심 요소다. 소비자와 대중은 투명하고 신뢰할 수 있는 정보를 제공하는 브랜드에 더 큰 호감을 느끼고, 이를 통해 장기적인 충성 고객이 된다.

따라서 언론홍보 전략에서는 투명성과 신뢰성을 강화하는 것이 매우 중요하다. 이번 글에서는 언론홍보에서 투명성과 신뢰성을 강화하기 위한 방법과 중요성에 대해 살펴보겠다.

1) 투명성과 신뢰성의 중요성

투명성과 신뢰성은 언론홍보의 기본 가치이다. 투명성은 기업이 정보를 숨기지 않고 공개하며, 모든 활동을 명확하게 전달하는 것을 의미한다. 신뢰성은 이러한 투명한 정보를 통해 기업이 소비자와 대중으로부터 신뢰를 얻는 것을 뜻한다.

투명성과 신뢰성은 기업의 평판을 형성하고, 위기 상황에서도 기업이 신뢰를 유지할 수 있게 한다.

▶투명성의 중요성
투명한 정보 공개는 소비자와 대중이 기업에 대한 신뢰를 가지게 만드는 중요한 요소이다. 기업의 정책, 제품, 서비스에 대해 숨김없이 공개함으로써 신뢰를 쌓을 수 있다. 예를 들어, 제품의 원재료나 생산 과정에 대해 투명하게 공개하는 식품 회사는 소비자에게 더 큰 신뢰를 얻는다.

▶신뢰성의 중요성
신뢰성은 기업이 제공하는 정보가 사실이고 정확하다는 믿음을 준다. 신뢰성이 높을수록 소비자는 기업의 제품과 서비스를 선택할 가능성이 커진다.

신뢰성은 또한 위기 상황에서 기업이 빠르게 회복하는 데 중요한 역할을 한다.

2) 투명성과 신뢰성을 강화하는 방법

▶정확하고 일관된 정보 제공
모든 홍보 자료와 발표에서 정확한 정보를 제공해야 한다. 잘못된 정보는 신뢰성을 크게 손상시키므로, 데이터와 사실을 철저히 검토하고 일관되게 전달하는 것이 중요하다.

▶ 오픈 커뮤니케이션 채널 운영

소비자와의 소통 채널을 개방적으로 운영하여 질문이나 피드백에 빠르게 대응해야 한다. 소셜 미디어, 이메일, 콜센터 등을 통해 소비자와 적극적으로 소통하면 신뢰를 쌓는 데 도움이 된다.

▶ 투명한 위기 관리

위기 상황에서는 신속하고 투명하게 대응하는 것이 중요하다. 문제를 숨기지 않고, 상황을 명확하게 설명하며, 해결 방안을 제시하면 대중의 신뢰를 유지할 수 있다. 예를 들어, 제품 리콜 상황에서 즉시 문제를 인정하고 조치를 취하는 기업은 소비자에게 긍정적인 이미지를 남길 수 있다.

▶ 윤리적 경영 실천

윤리적인 경영은 투명성과 신뢰성을 강화하는 중요한 요소이다. 공정하고 정직한 비즈니스 관행을 유지하고, 사회적 책임을 다하는 모습을 보여주면 소비자와 대중의 신뢰를 얻을 수 있다.

▶ 정기적인 정보 공개

정기적으로 기업의 활동과 성과에 대한 정보를 공개하는 것이 중요하다. 연례 보고서, 지속 가능성 보고서, 뉴스레터 등을 통해 기업의 성과와 목표를 투명하게 공유하면 신뢰를 높일 수 있다.

3) 투명성과 신뢰성 강화 사례

▶ 파타고니아 (Patagonia)

파타고니아는 투명성과 신뢰성을 바탕으로 한 언론홍보 전략을 통해 큰 성공을 거두고 있다. 제품의 생산 과정과 원재료에 대한 상세한 정보를 공개하고, 지속 가능성에 대한 강한 의지를 표명함으로써 소비자에게 신뢰를 주고 있다. 또한, 환경 보호 활동에 대한 투명한 보고서를 정기적으로 발행하여 신뢰성을 높이고 있다.

▶ 스타벅스 (Starbucks)
스타벅스는 윤리적 경영과 투명한 커뮤니케이션을 통해 신뢰를 구축한 대표적인 사례다. 공정무역 커피 구매, 지속 가능한 농업 지원, 지역 사회 기여 활동 등을 투명하게 공개하고, 이를 통해 소비자와 대중의 신뢰를 얻고 있다. 스타벅스는 또한 정기적으로 사회적 책임 보고서를 발행하여 투명성과 신뢰성을 유지하고 있다.

4) 투명성과 신뢰성의 장기적 효과
투명성과 신뢰성을 강화하면 기업은 장기적으로 다음과 같은 긍정적인 효과를 누릴 수 있다.

▶ 소비자 충성도 증가
투명하고 신뢰할 수 있는 기업은 소비자로부터 높은 충성도를 얻는다. 이는 반복 구매와 긍정적인 입소문으로 이어져 기업의 매출 증대에 기여한다.

▶ 위기 관리 능력 향상
투명성과 신뢰성을 갖춘 기업은 위기 상황에서도 빠르게 회복할 수 있다. 소비자는 문제를 투명하게 공개하고 신속히 해결하려는 기업의 노력을 신뢰하며, 이를 통해 기업의 평판이 크게 손상되지 않는다.

▶ 브랜드 가치 상승
투명성과 신뢰성은 기업의 브랜드 가치를 높인다. 소비자는 이러한 가치를 가진 브랜드를 더 선호하며, 이는 시장에서의 경쟁력을 강화하는 데 도움이 된다.

▶사회적 신뢰 구축

투명하고 신뢰할 수 있는 기업은 사회적으로도 높은 신뢰를 얻는다. 이는 기업의 지속 가능성에 긍정적인 영향을 미치며, 다양한 이해관계자로부터의 지지를 받게 한다.

투명성과 신뢰성은 언론홍보에서 중요한 역할을 한다. 정확한 정보 제공, 오픈 커뮤니케이션, 윤리적 경영, 정기적인 정보 공개 등을 통해 투명성과 신뢰성을 강화하면 기업은 장기적으로 긍정적인 효과를 누릴 수 있다. 소비자와 대중의 신뢰를 얻는 것은 기업의 성공과 지속 가능성에 필수적이다. 따라서 투명성과 신뢰성을 기반으로 한 언론홍보 전략을 적극적으로 실천해야 할 것이다.

멀티채널 홍보전략을 세워보세요

내 브랜드를 알리는 채널별 전략 메모하기

유정화 지국장

  한국디지털콘텐츠연구소를 세우고 은퇴를 준비하는 시니어들과 경력단절여성들에게 디지털콘텐츠의 제작과 활용을 교육하고 있다. 최근에는 인공지능을 활용한 그림동화, 전자책쓰기, 출판기획마케팅과 언론홍보 마케팅까지 활동 영역을 넓혀가고 있다.
  다수의 기업, 재단, 협회, 기관들에서 SNS 마케팅과 인공지능활용 교육 및 훈련에도 참여중이다. 빠르게 진화하고 있는 디지털세상에서 시니어들의 눈높이에 맞도록 쉽고 재미있게 풀어내는 징검다리 역할을 하고 있다고 자부한다.

- 한국디지털콘텐츠연구소 대표
- 대전과학기술대학교 문헌정보학과 겸임교수
- 한국미디어창업뉴스 대전세종총괄지국장
- 부산소방학교 외래교수 언론홍보
- 한국메타버스연구원 대전지회장
- 한국디지털진흥원 전임강사

광고하지 말고 언론하라!

세상을 움직이는 마케팅,
언론이 답이다.

Part 2

미디어 리터러시와 서포터즈 기자단 운영법

CONTENTS

미디어리터러시의 정의와 필요성 _____ 59

인터넷신문과 언론미디어의 역할 _____ 62

기자단 교육의 필요성 _____ 65

서포터즈 기자단 운영법 _____ 68

미디어리터러시 향상을 위한 제언 _____ 74

앞으로의 전망과 과제 _____ 75

미디어리터러시의 정의와 필요성

1) 미디어리터러시의 정의

미디어리터러시는 미디어 콘텐츠를 이해하고, 비판적으로 평가하며, 다양한 매체를 통해 효과적으로 소통하는 능력을 말한다. 이는 단순히 미디어를 소비하는 것에서 그치지 않고, 미디어가 전달하는 메시지의 의미를 분석하고, 그 메시지가 미치는 영향을 평가하는 과정을 포함한다.

예를 들어, 신문 기사나 텔레비전 뉴스, 소셜 미디어 게시물을 볼 때 그 내용의 진실성, 출처, 목적 등을 판단하는 능력이 필요하다. 이는 정보 과잉의 시대에서 중요한 능력이다.

2) 미디어리터러시의 역사적 발전

미디어리터러시는 20세기 중반부터 본격적으로 논의되기 시작했다.

1950년대와 1960년대에는 주로 영화와 텔레비전의 영향을 분석하는 데 초점을 맞추었고, 1970년대와 1980년대에는 비판적 이론과 문화 연구의 발전과 함께 미디어리터러시 교육이 확산되었다. 1990년대에는 인터넷의 보급으로 디지털 미디어가 중요한 주제로 떠올랐으며, 2000년대 이후에는 소셜 미디어의 등장으로 미디어리터러시의 필요성이 더욱 강조되었다.

3) 현대 사회에서의 중요성

현대 사회에서는 미디어리터러시가 필수적이다. 우리는 매일 엄청난 양의 정보를 접하고 있으며, 그 중 많은 부분이 디지털 미디어를 통해 전달된다. 가짜 뉴스, 왜곡된 정보, 편향된 시각 등이 범람하는 상황에서 올바른 정보를 선택하고, 그 정보를 바탕으로 현명한 결정을 내리는 능력이 필요하다.

예를 들어, 소셜 미디어에서 퍼지는 가짜 뉴스는 사람들의 잘못된 믿음을 형성하고, 사회적 혼란을 초래할 수 있다. 특정 정치적 목적을 가진 정보나 상업적 이익을 위해 왜곡된 광고 등은 개인의 판단을 흐리게 한다. 따라서 미디어리터러시는 이러한 문제를 해결하고, 정보를 비판적으로 평가하는 데 중요한 역할을 한다.

4) 비판적 사고와 정보 분석 능력

미디어리터러시는 비판적 사고와 정보 분석 능력을 포함한다. 비판적 사고는 정보를 단순히 수용하는 것이 아니라, 그 정보를 논리적으로 분석하고 평가하는 과정을 의미한다. 이는 다음과 같은 단계를 포함한다

- 정보의 출처 평가: 정보가 어디에서 왔는지, 그 출처가 신뢰할 만한지 판단한다. 예를 들어, 잘 알려진 뉴스 기관이나 공신력 있는 연구 기관에서 나온 정보는 비교적 신뢰할 수 있다.

- 정보의 목적 파악: 정보를 제공하는 이의 목적이 무엇인지 파악한다. 이는 정보가 왜곡되거나 편향될 가능성을 이해하는 데 도움이 된다. 예를 들어, 상업적 이익을 위한 광고는 그 목적에 따라 정보를 왜곡할 수 있다.

- 정보의 정확성 검토: 정보를 다른 출처와 비교하여 정확성을 검토한다. 여러 출처에서 일치하는 정보는 신뢰도가 높다. 예를 들어, 동일한 사건을 여러 뉴스 매체에서 다루고 있다면 그 사건의 기본적인 사실은 신뢰할 수 있다.

- 비교와 대조: 다양한 관점을 비교하고 대조하여 보다 균형 잡힌 이해를 얻는다. 이는 특히 복잡한 사회적, 정치적 문제를 이해하는 데 중요하다.

- 비판적 질문: 정보를 접할 때 스스로 비판적인 질문을 던진다. 예를 들어, "이 정보는 왜 중요한가?", "이 정보는 어떻게 나에게 영향을 미치는가?", "이 정보를 신뢰할 수 있는가?" 등의 질문을 통해 정보를 깊이 있게 이해할 수 있다.

미디어리터러시는 이러한 비판적 사고와 정보 분석 능력을 통해 개인이 더 나은 결정을 내리도록 돕는다. 예를 들어, 선거 기간 동안 유권자는 후보자에 대한 다양한 정보를 접하고, 이를 비판적으로 평가하여 올바른 선택을 할 수 있다. 또한, 소비자는 상품에 대한 다양한 정보를 비교하여 최선의 구매 결정을 내릴 수 있다.

미디어리터러시는 현대 사회에서 필수적인 능력이다. 이는 우리가 접하는 방대한 양의 정보를 비판적으로 평가하고, 올바른 결정을 내리는 데 도움을 준다. 미디어리터러시의 역사를 통해 우리는 그 중요성을 이해하고, 현대 사회에서 이를 실천하는 방법을 배울 수 있다.

비판적 사고와 정보 분석 능력을 통해 우리는 더 나은 시민이 되고, 더 건강한 민주사회를 구축할 수 있다. 이 책을 통해 독자들이 미디어리터러시의 개념과 중요성을 깊이 이해하고, 이를 실제 생활에서 적용할 수 있기를 바란다.

인터넷신문과 언론미디어의 역할

1) 인터넷 신문의 발전과 현황

인터넷 신문은 1990년대 중반부터 등장해 빠르게 발전했다. 초기에는 전통 신문사의 온라인 버전으로 시작되었지만, 인터넷의 급속한 확산과 함께 독립적인 인터넷 언론 매체들이 생겨났다.

인터넷 신문은 실시간 뉴스 업데이트, 멀티미디어 콘텐츠, 상호작용 기능 등을 통해 독자들에게 더 다양한 정보를 제공한다. 독자들은 컴퓨터, 스마트폰, 태블릿 등을 통해 언제 어디서나 뉴스를 접할 수 있게 되었다.

오늘날 인터넷 신문은 소셜 미디어와 밀접하게 연계되어 정보를 빠르게 확산시킨다. 예를 들어, 트위터나 페이스북과 같은 플랫폼을 통해 기사가 공유되며, 이는 독자들이 실시간으로 뉴스를 접하고 의견을 나눌 수 있게 한다.

또한, 인터넷 신문은 멀티미디어 콘텐츠를 통해 독자들에게 텍스트뿐만 아니라 이미지, 비디오, 인터랙티브 그래픽 등 다양한 형식의 정보를 제공한다. 이러한 점에서 인터넷 신문은 전통 신문보다 훨씬 더 풍부한 콘텐츠를 제공할 수 있다.

2) 전통 언론과 인터넷 언론의 차이점

전통 언론과 인터넷 언론은 여러 면에서 차이가 있다. 전통 언론은 신문, 잡지, 라디오, 텔레비전 등의 매체를 통해 정보를 전달한다. 이들은 오랜 역사와 신뢰성을 바탕으로 한 편집 과정과 검증 절차를 거친다.

예를 들어, 신문사나 방송사는 기사를 작성하기 전에 사실 확인 과정을 철저히 거치며, 이는 독자와 시청자에게 신뢰를 준다.

반면, 인터넷 언론은 빠르고 광범위하게 정보를 전달할 수 있다. 인터넷 언론은 특히 속보와 같은 긴급한 뉴스 전달에 강점을 가진다. 인터넷 뉴스는 실시간으로 업데이트되며, 독자들은 바로바로 새로운 정보를 접할 수 있다.

그러나 인터넷 언론은 검증되지 않은 정보나 가짜 뉴스가 퍼질 위험이 크다. 누구나 기사를 작성하고 배포할 수 있기 때문에 신뢰성이 떨어질 수 있다.

또한, 인터넷 언론은 독자와의 상호작용이 가능하다. 독자들은 댓글을 통해 기사에 대한 의견을 나누고, 소셜 미디어를 통해 기사를 공유하며 토론할 수 있다. 이러한 상호작용은 정보의 확산을 촉진하고, 다양한 관점을 접할 수 있게 한다. 그러나 이는 또한 잘못된 정보가 빠르게 퍼질 위험을 동반한다.

3) 언론의 사회적 책임

언론은 사회적 책임을 갖고 있다. 언론은 정확하고 공정한 정보를 제공하며, 공공의 이익을 위해 활동해야 한다. 이는 민주사회에서 매우 중요한 역할을 한다. 언론은 정부나 기업의 부정행위를 감시하고, 사회적 문제를 공론화하며, 대중의 알 권리를 보장한다. 예를 들어, 탐사보도를 통해 부정부패를 밝혀내고, 사회적 약자의 목소리를 대변하는 역할을 한다.

언론은 또한 공정성을 유지해야 한다. 이는 특정 이익집단이나 개인의 이익을 대변하지 않고, 객관적이고 중립적인 입장에서 정보를 제공하는 것을 의미한다. 언론이 공정성을 잃으면 대중의 신뢰를 잃고, 이는 사회적 혼란을 초래할 수 있다.

4) 미디어의 신뢰성과 공정성

미디어의 신뢰성과 공정성은 매우 중요하다. 신뢰성은 독자나 시청자가 언론을 믿고 의존할 수 있는 정도를 의미한다. 공정성은 언론이 정보를 제공할 때 객관적이고 중립적인 태도를 유지하는 것을 의미한다. 신뢰성과 공정성을 유지하기 위해 언론은 몇 가지 원칙을 따라야 한다.

첫째, 철저한 사실 확인 과정이 필요하다. 기사를 작성할 때는 다양한 출처를 확인하고, 정보의 정확성을 검토해야 한다. 예를 들어, 중요한 사안에 대해서는 전문가의 의견을 듣고, 관련된 모든 당사자의 입장을 고려해야 한다.

둘째, 편향된 시각을 배제하고 다양한 관점을 제공해야 한다. 이는 특정 이익집단이나 개인의 의견에 치우치지 않고, 균형 잡힌 보도를 하는 것을 의미한다. 예를 들어, 정치적 사안을 다룰 때는 여당과 야당의 입장을 모두 반영하여 독자들이 다양한 시각을 접할 수 있게 해야 한다.

셋째, 독자와의 신뢰 관계를 유지해야 한다. 이는 투명한 편집 과정과 독자와의 소통을 통해 이루어진다. 언론은 잘못된 보도를 했을 때 이를 즉시 인정하고 정정하는 태도를 보여야 한다. 또한, 독자들의 의견을 경청하고, 이를 보도에 반영하려는 노력이 필요하다.

결론적으로, 인터넷 신문과 전통 언론은 각기 다른 장점과 단점을 가지고 있다. 인터넷 신문은 빠르고 광범위하게 정보를 전달할 수 있지만, 신뢰성과 공정성을 유지하기 위해 노력해야 한다.

전통 언론은 오랜 역사와 신뢰성을 바탕으로 정보를 제공하지만, 디지털 시대에 맞는 변화를 필요로 한다. 언론은 사회적 책임을 다하며, 신뢰성과 공정성을 유지하는 것이 중요하다. 이를 통해 대중은 올바른 정보를 얻고, 민주사회는 건강하게 유지될 수 있다.

기자단 교육의 필요성

1) 기자단 교육의 목적과 목표

기자단 교육의 주요 목적은 기자들이 정확하고 공정한 기사를 작성할 수 있도록 돕는 것이다. 이는 정보의 홍수 속에서 독자들이 신뢰할 수 있는 정보를 제공하기 위해 필수적이다.

기자단 교육은 기자들이 비판적 사고를 개발하고, 윤리적 기준을 준수하며, 디지털 미디어를 효과적으로 활용할 수 있도록 돕는다. 목표는 단순히 기사를 작성하는 기술을 배우는 것을 넘어, 저널리즘의 기본 원칙을 이해하고 이를 실천할 수 있도록 하는 데 있다.

기자단 교육은 언론의 사회적 책임을 강조한다. 기자는 사회의 감시자 역할을 3하며, 공공의 이익을 위해 활동해야 한다. 이를 위해 기자는 정확하고 공정한 보도를 통해 대중의 알 권리를 보장하고, 사회적 문제를 공론화하는 역할을 한다. 기자단 교육은 이러한 역할을 수행하기 위한 필수적인 도구와 지식을 제공한다.

2) 교육 프로그램의 구성 요소

기자단 교육 프로그램은 여러 가지 구성 요소로 이루어진다.

첫째, 기본적인 저널리즘 기술을 가르친다. 이는 기사 작성, 인터뷰 기법, 자료 조사 등의 기술을 포함한다. 기자는 사건을 정확히 전달하기 위해 기초적인 기술을 숙달해야 한다.

둘째, 비판적 사고와 분석 능력을 개발하는 교육을 포함한다. 기자는 단순히 정보를 전달하는 것을 넘어, 정보를 비판적으로 분석하고 평가할 수 있어야 한다. 이를 위해 교육 프로그램은 논리적 사고와 문제 해결 능력을 강화하는 데 중점을 둔다.

셋째, 법적 및 윤리적 기준에 대한 교육이 포함된다. 기자는 법률을 준수하고, 윤리적 기준을 지켜야 한다. 교육 프로그램은 명예훼손, 프라이버시, 저작권 등 법적 문제에 대한 이해를 돕고, 공정성과 정확성을 유지하기 위한 윤리적 가이드라인을 제시한다.

3) 윤리적 저널리즘 교육

윤리적 저널리즘 교육은 기자단 교육의 핵심 요소 중 하나다. 이는 기자가 공정하고 정확한 기사를 작성하며, 특정 이익집단이나 개인의 이익을 대변하지 않도록 돕는다. 윤리적 저널리즘은 독자의 신뢰를 유지하는 데 필수적 교육이다

윤리적 저널리즘 교육에서는 여러 가지 원칙을 강조한다. 첫째, 진실성이다. 기자는 사실을 왜곡하지 않고, 정확한 정보를 전달해야 한다. 이는 독자가 올바른 판단을 내릴 수 있도록 돕는다. 예를 들어, 기자는 다양한 출처를 확인하고, 정보의 신뢰성을 검증해야 한다.

둘째, 공정성이다. 기자는 특정 이익집단이나 개인의 이익을 대변하지 않고, 객관적이고 중립적인 입장에서 기사를 작성해야 한다. 이는 다양한 관

점을 반영하여 독자가 균형 잡힌 정보를 얻을 수 있도록 한다.

셋째, 책임감이다. 기자는 자신의 기사에 대한 책임을 져야 한다. 잘못된 보도가 있을 경우, 이를 신속히 인정하고 정정하는 태도가 필요하다. 이는 독자의 신뢰를 유지하는 데 중요하다.

4) 디지털 미디어 활용 교육

디지털 미디어 활용 교육은 현대 저널리즘에서 매우 중요한 부분이다. 디지털 미디어는 정보를 빠르게 전달하고, 독자와 상호작용할 수 있는 강력한 도구이다. 기자는 디지털 미디어를 효과적으로 활용하여 더 많은 독자에게 다가가고, 신속하게 정보를 전달할 수 있어야 한다.

디지털 미디어 활용 교육은 여러 가지 기술을 가르친다. 첫째, 소셜 미디어 활용법이다. 기자는 트위터, 페이스북, 인스타그램 등 소셜 미디어 플랫폼을 통해 기사를 공유하고, 독자와 소통할 수 있어야 한다. 이는 기사의 확산을 촉진하고, 독자의 피드백을 받을 수 있는 중요한 창구이기도 하다..

둘째, 멀티미디어 콘텐츠 제작 기술이다. 기자는 텍스트뿐만 아니라 사진, 비디오, 오디오 등 다양한 형식의 콘텐츠를 제작할 수 있어야 한다. 이는 독자에게 더 풍부한 정보를 제공하고, 기사의 이해를 돕는다. 예를 들어, 기자는 현장의 생생한 모습을 전달하기 위해 동영상을 촬영하고 편집할 수 있어야 한다.

셋째, 데이터 저널리즘 기술이다. 데이터 저널리즘은 방대한 데이터를 분석하고, 이를 시각화하여 독자에게 전달하는 방법을 포함한다. 기자는 데이터 분석 도구를 사용하여 복잡한 정보를 이해하기 쉽게 전달할 수 있어야 한다. 이는 특히 경제, 사회 문제 등의 복잡한 주제를 다룰 때 유용하다.

기자단 교육은 정확하고 공정한 저널리즘을 실천하기 위해 필수적이다. 이는 기자가 비판적 사고와 윤리적 기준을 갖추고, 디지털 미디어를 효과적으로 활용할 수 있도록 돕는다. 기자단 교육을 통해 기자는 공공의 이익을 위해 활동하며, 대중의 알 권리를 보장하고, 사회적 문제를 공론화하는 중요한 역할을 수행할 수 있다.

서포터즈 기자단 운영법

지방의 자치단체나 기관에서 서포터즈의 형식으로 기자단을 모집하는 경우들이 있다. 이들은 지역 행사, 축제, 정책 등을 주민들에게 알리는 역할을 한다. 이러한 기자단은 지역 주민들이 직접 참여하여 활동하며, 이를 통해 지역사회에 대한 이해와 참여를 높인다. 지역에서 운영되고 있는 많은 사업과 각 각의 센터의 활동과 혜택들을 알리기에는 이보다 효율이 높은 사업도 드물겠다는 생각이다.

1) 기자단 운영의 특징

1. 자발적 참여: 기자단에 지원하는 이유는 다양하지만 대다수 자발적인 지원을 통해 모집된다. 관심과 열정을 가진 사람들이 자발적으로 참여하여 활동한다.

2. 홍보 활동: 서포터즈는 소셜 미디어, 블로그, 커뮤니티 등 다양한 채널을 통해 대상의 정보를 홍보하고 알린다. 이를 통해 대중에게 널리 알려지도록 돕는다.

3. 피드백 제공: 서포터즈는 사용자로서 제품이나 서비스에 대한 피드백을 제공하여 개선점이나 장단점을 알린다. 이는 개발과 운영에 중요한 정보를 제공한다.

4. 이벤트 참여: 서포터즈는 다양한 이벤트나 캠페인에 참여하여 현장에서 직접적인 지원과 홍보를 담당한다. 예를 들어, 제품 출시 행사, 프로모션 이벤트 등이 있다.

5. 커뮤니티 형성: 서포터즈 간의 네트워크가 형성되어 정보 교류와 협력이 이루어진다. 이를 통해 서포터즈들은 서로의 활동을 지원하고 더 나은 결과를 만들어낸다.

2) 기자단의 역할과 목적

1. 브랜드 인지도 상승: 서포터즈의 활동을 통해 대상의 브랜드 인지도를 높이고, 긍정적인 이미지를 구축하는 것이 주된 목적이다.

2. 마케팅 지원: 서포터즈는 홍보와 마케팅 활동을 지원하여 더 많은 사람들에게 브랜드나 제품이 알려지도록 돕는다.

3. 피드백 수집: 서포터즈의 활동을 통해 사용자들의 생생한 의견과 피드백을 수집할 수 있다. 이는 제품이나 서비스의 품질 개선에 중요한 역할을 한다.

4. 커뮤니티 강화: 서포터즈 활동을 통해 형성된 커뮤니티는 브랜드의 충성도를 높이고, 장기적인 팬층을 형성하는 데 기여한다.

5. 창의적 콘텐츠 생산: 서포터즈는 다양한 콘텐츠를 생산하여 브랜드의 홍보를 돕는다. 이는 사진, 글, 영상 등 여러 형태로 제작된다.

3) 기자단의 목적과 필요성

1. 정보 전달 및 확산: 기자단의 주된 목적 중 하나는 특정 정보의 전달과 확산이다. 지자체나 기관이 제공하는 정보는 공공의 이익과 밀접하게 관련되어 있다. 예를 들어, 새로운 정책, 공공 서비스, 지역 행사는 주민들에게 직접적인 영향을 미친다. 기자단은 이러한 정보를 주민들에게 효과적으로 전달하는 역할을 한다.

2. 현장 목소리 반영: 기자단은 현장에서의 목소리를 직접 취재하고 반영한다. 이는 정책 결정자들이 주민들의 실질적인 요구와 의견을 이해하는 데 큰 도움이 된다. 기자단을 통해 수집된 현장의 목소리는 정책 개선과 서비스 향상에 중요한 자료로 활용될 수 있다.

3. 지역사회 참여 촉진: 기자단 활동은 지역사회의 참여를 촉진하는 데 기여한다. 주민들이 직접 기자단에 참여함으로써 지역 문제에 대한 관심과 참여를 높일 수 있다. 이는 지역사회 통합과 공동체 의식 강화에 긍정적인 영향을 미친다.

4. 홍보 및 이미지 개선: 기자단은 지자체나 기관의 홍보 활동을 지원한다. 이를 통해 긍정적인 이미지를 구축하고, 지역사회 내에서 신뢰도를 높일 수 있다. 특히, 서포터즈 형식의 기자단은 자발적이고 진정성 있는 홍보 활동으로 인해 더 큰 신뢰를 얻을 수 있다.

5. 콘텐츠 다양화: 기자단은 다양한 형태의 콘텐츠를 생산한다. 글, 사진, 영상 등 다양한 미디어를 활용하여 정보를 전달함으로써 대중의 관심을 끌 수 있다. 이는 지자체나 기관의 홍보 효과를 극대화하는 데 도움이 된다.

4) 기자단의 장점

1. 비용 효율: 기자단 운영은 비교적 저비용으로 큰 홍보 효과를 거둘 수

있는 방법이다. 전문 홍보 대행사나 대규모 광고 캠페인에 비해 비용이 적게 들지만, 효과적인 정보 전달과 홍보가 가능하다. 이는 예산이 한정된 지자체나 기관에게 큰 장점이다.

  2. 신뢰성 확보: 서포터즈 형식의 기자단은 일반 주민들이 자발적으로 참여하는 형태이기 때문에, 전달되는 정보에 대한 신뢰도가 높다. 이는 외부의 상업적 목적 없이 진정성을 가지고 활동하는 서포터즈의 특성 때문이다. 주민들은 동료 주민이 작성한 기사를 더 신뢰하고, 이는 지자체나 기관에 대한 긍정적인 이미지로 이어질 수 있다.

  3. 광범위한 네트워크 형성: 기자단 활동을 통해 형성된 네트워크는 지자체나 기관의 중요한 자산이 된다. 기자단원들은 각자의 네트워크를 통해 정보를 확산시킬 수 있으며, 이는 다양한 계층과 그룹에 도달하는 데 유리하다. 특히 소셜 미디어를 적극 활용하는 기자단의 경우, 정보 확산의 범위는 더욱 넓어진다.

  4. 창의적 콘텐츠 제작: 기자단원들은 다양한 배경과 전문성을 가지고 있기 때문에 창의적이고 다양한 콘텐츠를 제작할 수 있다. 이는 지자체나 기관의 홍보 콘텐츠가 일관되면서도 다채로운 형태로 제공될 수 있게 한다. 다양한 콘텐츠는 대중의 관심을 지속적으로 끌어들이는 데 효과적이다.

  5. 지속적인 피드백 제공: 기자단 활동은 지자체나 기관에 지속적인 피드백을 제공한다. 이를 통해 정책이나 서비스의 문제점을 신속하게 파악하고 개선할 수 있다. 또한, 주민들의 의견을 반영한 정책 수립과 실행이 가능해지므로, 주민 만족도가 높아질 수 있다.

  6. 지역 문제 해결: 기자단은 지역 문제를 직접 취재하고 보도함으로써 문제 해결에 기여할 수 있다. 이는 지자체나 기관이 지역 주민들의 목소리

를 더 잘 듣고, 적절한 해결책을 모색하는 데 도움을 준다. 또한, 주민들 간의 소통을 촉진하여 공동체 문제 해결을 위한 협력도 이끌어낼 수 있다.

5) 서포터즈 형식 기자단의 구체적 활동 사례

1. 지역 행사 및 축제 보도: 기자단은 지역에서 열리는 각종 행사나 축제에 참여하여 현장을 취재하고 보도한다. 이를 통해 주민들은 행사에 대한 정보를 얻고, 참여 의욕을 높일 수 있다. 또한, 성공적인 행사 운영을 위해 필요한 피드백을 제공할 수 있다.

2. 공공 서비스 안내 및 홍보: 기자단은 지자체나 기관이 제공하는 공공 서비스에 대한 정보를 전달한다. 예를 들어, 새로운 복지 프로그램, 교육 기회, 건강 관리 서비스 등에 대한 정보를 제공함으로써 주민들의 이용을 촉진할 수 있다.

3. 정책 변화와 주요 이슈 보도: 기자단은 지자체나 기관의 주요 정책 변화와 이에 따른 주민들의 반응을 보도한다. 이는 정책 결정자들이 실질적인 현장의 목소리를 듣고, 정책을 개선하는 데 중요한 역할을 한다.

4. 지역 명소 및 문화유산 소개: 기자단은 지역의 명소와 문화유산을 소개하는 콘텐츠를 제작한다. 이는 지역 관광 활성화에 기여할 수 있으며, 지역 주민들 역시 자신의 지역에 대한 자부심을 느낄 수 있다.

5. 주민 인터뷰 및 사례 소개: 기자단은 다양한 주민들을 인터뷰하고 그들의 이야기를 소개한다. 이를 통해 지역사회 내의 다양한 목소리를 들을 수 있으며, 주민들 간의 이해와 소통을 촉진할 수 있다.

6) 서포터즈 기자단 교육 프로그램의 중요성

1. 기본 저널리즘 교육: 기자단은 기사를 작성하고 인터뷰를 진행하는 방법을 배운다. 예를 들어, 지역 축제에서 주민들과 인터뷰를 하고 이를 바탕으로 기사를 작성하는 법을 익힌다.

2. 디지털 미디어 활용 교육: 기자단은 블로그나 SNS에 기사를 게시하고, 독자들과 실시간으로 소통하는 방법을 배운다. 예를 들어, 페이스북 페이지에 축제의 사진과 동영상을 게시하고, 댓글을 통해 주민들의 피드백을 수렴한다.

3. 윤리적 저널리즘 교육: 기자단은 공정하고 정확한 보도의 중요성을 배우고, 이를 실천하는 방법을 익힌다. 예를 들어, 특정 상업적 이익을 위해 정보를 왜곡하지 않고, 사실에 기반한 보도를 하는 법을 배운다.

7) 서포터즈 기자단 교육의 파급효과

1. 사회적 영향: 교육 받은 기자들은 정확하고 공정한 보도를 통해 독자들에게 신뢰할 수 있는 정보를 제공한다. 이는 독자들이 올바른 판단을 내리고, 현명한 결정을 하는 데 도움을 준다. 또한, 사회적 이슈를 공론화하여 사회 정의를 실현하고, 더 나은 사회를 만드는 데 기여한다.

2. 미디어 리터러시 향상: 교육 받은 기자들이 작성한 기사는 독자의 미디어 리터러시 향상에도 긍정적인 영향을 미친다. 이들은 사실에 기반한 정보를 제공하고, 다양한 관점을 균형 있게 다루어 독자들이 객관적이고 비판적으로 정보를 분석할 수 있도록 돕는다.

3. 언론 신뢰도 향상: 교육 받은 기자들은 정확하고 공정한 보도를 원칙으로 삼기 때문에 독자들은 이들의 기사를 신뢰할 수 있다. 이는 언론 전체의 신뢰도를 높이는 결과를 가져온다. 신뢰할 수 있는 언론은 사회적 의제

를 설정하고, 민주사회의 건전한 운영을 지원한다.

4. 미디어 환경 개선: 기자단 교육은 전체적인 미디어 환경을 개선하는 데 기여한다. 교육 받은 기자들은 높은 윤리적 기준과 전문성을 바탕으로 활동하여 미디어 전체의 품질을 향상시킨다. 이는 독자들이 신뢰할 수 있는 정보를 제공받고, 건강한 미디어 환경이 조성되는 결과를 가져온다.

서포터즈 기자단은 지자체나 기관에게 다양한 이점을 제공하는 중요한 홍보 및 소통 수단이다. 정보 전달과 확산, 신뢰성 확보, 비용 효율성, 창의적 콘텐츠 제작, 지속적인 피드백 제공 등 다양한 측면에서 긍정적인 효과를 기대할 수 있다. 또한, 기자단 활동을 통해 지역사회 참여를 촉진하고, 주민들의 목소리를 직접 반영할 수 있어 지자체나 기관의 정책과 서비스가 더 효과적으로 운영될 수 있다.

이러한 이유로 최근 서포터즈 형식의 기자단 모집이 증가하고 있으며, 앞으로도 그 중요성과 필요성은 계속해서 강조될 것이다.

미디어리터러시 향상을 위한 제언

미디어리터러시를 향상시키기 위해서는 개인, 교육기관, 미디어 산업, 정부가 함께 협력해야 한다.

첫째, 교육 시스템에서 미디어리터러시 교육을 강화해야 한다. 초등학교부터 대학까지 단계별로 미디어리터러시 교육을 체계적으로 제공하여 학생들이 다양한 매체를 비판적으로 이해하고 분석하는 능력을 키울 수 있도록 해야 한다. 이는 교과 과정에 통합된 형태로 진행될 수 있으며, 다양한 매체를 활용한 실습 중심의 교육이 필요하다.

둘째, 미디어 산업은 스스로의 신뢰성을 높이기 위한 노력을 지속해야 한다. 언론사들은 철저한 사실 검증과 윤리적 보도를 통해 독자들의 신뢰를 회복해야 한다. 이를 위해 독립적인 사실 검증 기관과의 협력, 투명한 편집 과정 공개, 그리고 잘못된 보도에 대한 신속한 정정과 사과가 필요하다.

셋째, 개인들도 스스로 미디어리터러시를 향상시키기 위한 노력을 해야 한다. 정보를 접할 때 비판적 사고를 가지고 다양한 출처를 비교하고, 정보의 출처와 작성자의 의도를 파악하는 습관을 기르는 것이 중요하다. 또한, 소셜 미디어에서 정보를 공유할 때는 그 신뢰성을 먼저 검토하는 것이 필요하다.

넷째, 정부는 미디어리터러시 향상을 위한 정책적 지원을 강화해야 한다. 정부는 미디어 교육 프로그램을 지원하고, 공공 캠페인을 통해 미디어리터러시의 중요성을 알리는 데 기여할 수 있다. 또한, 가짜 뉴스와 왜곡된 정보의 확산을 막기 위한 법적 제도적 장치를 마련하는 것도 중요하다.

앞으로의 전망과 과제

앞으로 미디어리터러시는 더욱 중요한 사회적 과제가 될 것이다. 디지털 기술의 발전과 함께 정보의 양은 계속해서 증가할 것이며, 이에 따라 정보의 신뢰성과 정확성을 판단하는 능력이 더욱 필요해질 것이다.

특히, 인공지능(AI)과 빅데이터 기술의 발전은 정보의 생성과 유통 방식을 크게 변화시킬 것이다. 이는 한편으로는 더 많은 정보를 빠르게 접근할 수 있게 하지만, 다른 한편으로는 가짜 뉴스와 왜곡된 정보의 확산을 더욱 쉽게 만들 수 있다.

따라서, 미디어리터러시 교육은 이러한 변화에 대응할 수 있도록 지속적으로 발전해야 한다. AI와 빅데이터를 활용한 새로운 교육 도구와 방법을 개발하고, 이를 교육 현장에 적용하는 것이 필요하다. 예를 들어, AI를 활용한 맞춤형 미디어리터러시 교육 프로그램을 개발하여 개인의 학습 수준과 필요에 맞춘 교육을 제공할 수 있다.

또한, 국제적 협력이 필요하다. 정보는 국경을 넘나들며 전 세계적으로 확산되기 때문에, 국제 사회가 함께 협력하여 가짜 뉴스와 왜곡된 정보의 확산을 막고, 신뢰할 수 있는 정보의 유통을 촉진하는 노력이 필요하다. 이를 위해 국제기구와 각국 정부, 그리고 미디어 산업이 협력하여 글로벌 차원의 정책과 전략을 마련해야 한다.

마지막으로, 미디어리터러시는 단순히 정보를 비판적으로 이해하는 능력을 넘어서, 민주사회에서 시민으로서의 책임과 권리를 다하는 데 필수적인 능력이다. 따라서, 미디어리터러시 교육은 시민 교육의 중요한 부분으로 자리 잡아야 한다. 이는 단순히 정보를 소비하는 것을 넘어서, 정보를 생산하고 공유하며, 사회적 의사결정 과정에 적극적으로 참여하는 능력을 포함한다.

결론적으로, 미디어리터러시 향상은 개인의 노력뿐만 아니라 교육기관, 미디어 산업, 정부의 협력적 노력이 필요하다. 이는 우리가 더 나은 정보를 접하고, 올바른 결정을 내리며, 건강한 민주사회를 유지하는 데 중요한 역할을 한다. 앞으로도 우리는 지속적으로 미디어리터러시를 향상시키기 위한 노력을 이어가야 하며, 변화하는 미디어 환경에 발맞추어 새로운 과제와 도전에 대응해 나가야 한다.

서포터즈 기자단 운영 전략을 세워보세요

황지영 지국장

　황지영 작가는 산업 기사와 보도자료 작성에 대한 깊이 있는 통찰을 제공한다. 멘탈브레인PT와 포토리딩속독 집중력향상센터를 이끌며 쌓은 경험을 바탕으로, 황 작가는 효과적인 커뮤니케이션과 정보 전달의 중요성을 잘 이해하고 있다. 이러한 배경은 그녀의 저서에 실용적이고 혁신적인 접근 방식을 제공한다. 황 작가는 이 책에서 산업 기사와 보도자료 작성에 대한 실용적인 접근과 최신 트렌드를 제시하며, 기업 홍보와 미디어 커뮤니케이션 분야에 새로운 통찰을 전한다.

- 뇌과학교육컨설팅기업 뉴로에이블 대표
- 멘탈브레인PT 대표
- 포토리딩속독 집중력향상센터 대표
- 글로벌사이버대학교 뇌교육학과 협력기관

광고하지 말고 언론하라!

세상을 움직이는 마케팅,
언론이 답이다.

Part 3

기자들이 주목하는 보도자료와 산업기사

CONTENTS

산업기사의 역할과 작성법 _____ 81

산업기사로 기업홍보하자 _____ 86

산업기사의 최신 트렌드 _____ 90

기자들이 주목하는 보도자료 작성법 _____ 94

산업기사의 역할과 작성법

1) 아티클의 목적 및 중요성

현대 사회에서 기업홍보는 기업의 성공과 지속 가능성을 결정하는 중요한 요소이다. 기업의 제품이나 서비스, 경영 철학, 사회적 책임 활동 등을 효과적으로 알리는 것은 브랜드 이미지와 평판을 높이는 데 필수적이다.

언론을 통한 홍보는 그 중에서도 중요한 위치를 차지하며, 특히 산업기사를 통한 홍보는 매우 효율적이다. 이 아티클은 산업기사가 기업홍보에서 어떤 역할을 하는지, 그리고 이를 통해 기업이 얻을 수 있는 혜택에 대해 다룬다.

산업기사는 특정 산업 분야의 동향, 신기술, 시장 분석 등을 다루는 기사로, 전문가의 시각에서 작성된다. 이러한 기사는 관련 업계 종사자뿐만 아니라 일반 대중에게도 중요한 정보를 제공한다. 기업은 이러한 산업기사를 통해 자신의 위치를 명확히 하고, 전문성을 어필할 수 있다. 이는 결국 기업의 신뢰도를 높이고, 잠재 고객과 투자자의 관심을 끄는 데 도움이 된다.

2) 산업기사가 기업홍보에서 차지하는 역할

산업기사는 기업홍보의 중요한 도구 중 하나이다. 기업은 산업기사를 통해 자신들의 혁신적 기술, 제품, 서비스 등을 널리 알릴 수 있다. 이는 단순한 광고와는 달리, 객관적인 정보 제공을 통해 신뢰를 쌓을 수 있는 기회를 제공한다.

또한, 산업기사는 기업이 특정 산업 분야에서 리더십을 갖고 있다는 것을 입증하는 데 도움이 된다.

기업이 언론에 노출되는 것은 다양한 이점을 제공한다.

첫째, 언론 보도는 기업의 브랜드 인지도를 높인다.

둘째, 긍정적인 언론 보도는 기업의 신뢰성을 높이고, 이는 고객의 충성도를 강화하는 데 기여한다.

셋째, 언론 보도는 기업이 혁신적이고 진보적인 이미지를 구축하는 데 도움이 된다. 이러한 이유로 기업은 산업기사를 효과적으로 활용하여 홍보 전략을 강화할 수 있다.

3) 산업기사의 특징

산업기사는 다른 종류의 기사와는 구별되는 몇 가지 특징을 가지고 있다. 먼저, 산업기사는 특정 산업 분야에 초점을 맞춘다. 이는 해당 분야의 최신 동향, 기술 발전, 시장 분석 등을 다루며, 독자에게 깊이 있는 정보를 제공한다.

둘째, 산업기사는 전문가의 시각에서 작성된다. 이는 기사의 신뢰성을 높이며, 독자에게 가치 있는 정보를 제공한다.

셋째, 산업기사는 일반 대중뿐만 아니라 해당 산업 종사자들에게도 중요한 자료로 활용된다.

산업기사는 기업의 혁신적인 활동이나 신제품 출시, 연구 개발 성과 등을 널리 알리는 데 효과적이다. 이는 단순한 광고와는 달리, 객관적인 정보 제공을 통해 신뢰를 쌓을 수 있는 기회를 제공한다. 또한, 산업기사는 기업이 특정 산업 분야에서 리더십을 갖고 있다는 것을 입증하는 데 도움이 된다.

4) 산업기사의 정의 및 역할

산업기사는 특정 산업 분야의 최신 동향, 기술 발전, 시장 분석 등을 다루는 기사이다. 이러한 기사는 일반적으로 해당 분야의 전문가나 산업계 종사자에 의해 작성되며, 독자에게 깊이 있는 정보를 제공한다. 산업기사는 독자에게 해당 산업의 현황과 미래 전망에 대한 통찰을 제공하며, 이를 통해 독자는 시장의 변화를 예측하고 대응할 수 있다.

산업기사는 기업의 홍보 전략에서 중요한 역할을 한다. 기업은 산업기사를 통해 자신들의 혁신적 기술, 제품, 서비스 등을 널리 알릴 수 있다. 이는 단순한 광고와는 달리, 객관적인 정보 제공을 통해 신뢰를 쌓을 수 있는 기회를 제공한다. 또한, 산업기사는 기업이 특정 산업 분야에서 리더십을 갖고 있다는 것을 입증하는 데 도움이 된다.

5) 산업기사의 유형 및 범위

산업기사는 다양한 유형과 범위를 가진다.

첫째, 기술 관련 기사이다. 이는 최신 기술 동향, 신기술 개발, 기술 적용 사례 등을 다룬다. 이러한 기사는 기술 혁신을 주도하는 기업들에게 중요한 홍보 도구가 된다.

둘째, 시장 분석 기사이다. 이는 특정 산업의 시장 동향, 경쟁 상황, 소비자 트렌드 등을 분석한다. 이러한 기사는 기업이 시장에서의 위치를 명확히 하고, 전략을 수립하는 데 도움을 준다.

셋째, 기업 인터뷰 기사이다. 이는 기업의 경영진이나 주요 인물을 인터뷰하여 기업의 비전, 전략, 성과 등을 소개한다. 이러한 기사는 기업의 인간적인 면모를 부각시키고, 신뢰를 쌓는 데 도움이 된다.

산업기사는 특정 산업 분야에 국한되지 않고, 다양한 분야에서 활용될 수 있다. 예를 들어, IT 산업, 의료 산업, 자동차 산업, 금융 산업 등 다양한 분야에서 산업기사는 중요한 역할을 한다. 각 산업 분야는 특유의 동향과 기술 발전이 있으며, 이러한 정보를 제공하는 산업기사는 해당 분야의 발전을 촉진하는 데 기여한다.

6) 산업기사 작성의 기본 원칙

산업기사를 작성할 때는 몇 가지 기본 원칙을 준수해야 한다.

첫째, 정확성이다. 산업기사는 정확한 정보를 제공해야 하며, 잘못된 정보는 독자의 신뢰를 잃게 할 수 있다.

둘째, 객관성이다. 산업기사는 객관적인 시각에서 작성되어야 하며, 특정 기업이나 제품을 과도하게 홍보하는 것은 피해야 한다.

셋째, 명료성이다. 산업기사는 독자가 쉽게 이해할 수 있도록 명확하게 작성되어야 하며, 복잡한 기술 용어나 전문 용어는 가능한 한 쉽게 설명해야 한다.

넷째, 최신성이다. 산업기사는 최신 정보를 제공해야 하며, 오래된 정보는 독자에게 가치가 떨어질 수 있다.

다섯째, 깊이 있는 분석이다. 산업기사는 단순히 정보를 나열하는 것이 아니라, 깊이 있는 분석을 통해 독자에게 통찰을 제공해야 한다. 이러한 원칙을 준수하면, 산업기사는 독자에게 가치 있는 정보를 제공하고, 기업 홍보에 효과적으로 활용될 수 있다.

산업기사는 기업의 홍보 전략에서 중요한 역할을 한다. 기업은 산업기사를 통해 자신들의 혁신적 기술, 제품, 서비스 등을 널리 알릴 수 있다. 이는 단순한 광고와는 달리, 객관적인 정보 제공을 통해 신뢰를 쌓을 수 있는 기회를 제공한다.

또한, 산업기사는 기업이 특정 산업 분야에서 리더십을 갖고 있다는 것을 입증하는 데 도움이 된다. 산업기사를 효과적으로 작성하고 활용하는 것은 기업 홍보의 성공을 위한 중요한 요소이다.

이렇게 산업기사는 기업 홍보에서 중요한 역할을 하며, 이를 효과적으로 활용하는 것은 기업의 성공을 위한 중요한 요소이다. 기업은 산업기사를 통해 자신들의 혁신적 기술, 제품, 서비스 등을 널리 알릴 수 있다.

이는 단순한 광고와는 달리, 객관적인 정보 제공을 통해 신뢰를 쌓을 수 있는 기회를 제공한다. 또한, 산업기사는 기업이 특정 산업 분야에서 리더십을 갖고 있다는 것을 입증하는 데 도움이 된다. 산업기사를 효과적으로 작성하고 활용하는 것은 기업 홍보의 성공을 위한 중요한 요소이다.

산업기사는 기업의 홍보 전략에서 중요한 역할을 한다. 기업은 산업기사를 통해 자신들의 혁신적 기술, 제품, 서비스 등을 널리 알릴 수 있다. 이는 단순한 광고와는 달리, 객관적인 정보 제공을 통해 신뢰를 쌓을 수 있는 기회를 제공한다. 또한, 산업기사는 기업이 특정 산업 분야에서 리더십을 갖고 있다는 것을 입증하는 데 도움이 된다. 산업기사를 효과적으로 작성하고 활용하는 것은 기업 홍보의 성공을 위한 중요한 요소이다.

산업기사로 기업홍보하자

1) 기업홍보의 중요성

현대의 경쟁적인 비즈니스 환경에서 기업홍보는 기업의 성공과 생존에 중요한 역할을 한다. 기업은 제품과 서비스를 소비자에게 알리는 것뿐만 아니라, 기업의 비전과 가치를 전달해야 한다.

이러한 활동은 브랜드 인지도와 평판을 높이는 데 기여한다. 기업홍보는 단순한 마케팅을 넘어, 기업이 사회적 책임을 다하고 있음을 알리고, 신뢰를 구축하는 데 필수적이다.

기업홍보는 다양한 채널을 통해 이루어진다. 전통적인 광고와 마케팅 활동뿐만 아니라, 언론을 통한 홍보도 중요하다. 언론을 통한 홍보는 공신력 있는 매체를 통해 기업의 소식을 전달함으로써, 보다 신뢰성 있는 이미지를 구축하는 데 도움을 준다.

이는 기업이 단순히 이익을 추구하는 존재가 아니라, 사회에 기여하고 있다는 이미지를 강화하는 데 중요한 역할을 한다.

2) 언론을 통한 기업홍보의 장점

언론을 통한 기업홍보는 여러 가지 장점을 가진다.

첫째, 신뢰성을 높인다. 언론 매체를 통해 보도된 내용은 일반적으로 높은 신뢰성을 가진다. 이는 기업의 메시지가 보다 신뢰성 있게 전달되는 것을 의미한다.

둘째, 광범위한 도달 범위이다. 언론 매체는 다양한 독자층을 가지고 있어, 기업의 메시지를 널리 알릴 수 있다. 셋째, 비용 효율성이다. 언론 보도는 광고와 비교해 상대적으로 비용이 적게 들면서도 큰 홍보 효과를 얻을 수 있다.

또한, 언론을 통한 홍보는 기업의 이미지를 강화하는 데 도움을 준다. 긍정적인 언론 보도는 기업의 명성을 높이고, 부정적인 이슈에 대한 신속한 대응을 가능하게 한다. 이는 기업이 위기 상황에서도 신뢰를 유지하고, 이미지 손상을 최소화하는 데 중요하다.

3) 언론과 기업의 상호작용 사례

기업과 언론의 상호작용은 다양한 사례를 통해 확인할 수 있다. 예를 들어, 새로운 제품 출시 시 기업은 언론에 보도자료를 배포하고, 기자회견을 개최하여 언론의 관심을 유도한다. 이를 통해 기업은 제품의 장점을 널리 알리고, 소비자의 관심을 끌 수 있다.

또 다른 예로, 기업의 사회적 책임 활동을 들 수 있다. 기업이 사회적 책임을 다하기 위해 진행한 활동은 언론을 통해 보도됨으로써, 기업의 이미지를 긍정적으로 강화한다. 이는 소비자와 투자자들에게 기업이 사회에 기여하고 있다는 메시지를 전달하는 데 효과적이다.

이러한 상호작용은 기업과 언론 모두에게 이익이 된다. 언론은 흥미로운 기사를 제공받고, 기업은 자신들의 메시지를 널리 알릴 수 있다.

4) 산업기사를 활용한 효과적인 언론홍보 전략

기업이 언론을 통해 홍보를 진행하는 것은 여러 가지 이유에서 필요하다.

첫째, 신뢰성 있는 정보 전달이다. 언론 매체는 객관적이고 신뢰성 있는 정보를 제공하기 때문에, 기업의 메시지가 보다 신뢰성 있게 전달된다.

둘째, 넓은 도달 범위이다. 언론 매체는 다양한 독자층을 가지고 있어, 기업의 메시지를 널리 알릴 수 있다.

셋째, 비용 효율성이다. 언론 보도는 광고와 비교해 상대적으로 비용이 적게 들면서도 큰 홍보 효과를 얻을 수 있다.

또한, 언론을 통한 홍보는 기업의 이미지를 강화하는 데 중요한 역할을 한다. 긍정적인 언론 보도는 기업의 명성을 높이고, 부정적인 이슈에 대한 신속한 대응을 가능하게 한다. 이는 기업이 위기 상황에서도 신뢰를 유지하고, 이미지 손상을 최소화하는 데 중요하다.

효과적인 언론 홍보를 위해서는 몇 가지 전략이 필요하다.

첫째, 명확한 메시지 전달이다. 기업은 전달하고자 하는 메시지를 명확하게 정의하고, 이를 효과적으로 전달할 수 있는 방법을 고민해야 한다.

둘째, 타겟 미디어 선정이다. 기업의 메시지를 전달할 대상 독자층을 고려하여, 적절한 언론 매체를 선택해야 한다.

셋째, 지속적인 관계 구축이다. 언론과의 지속적인 관계를 통해, 필요할 때 효과적으로 메시지를 전달할 수 있는 채널을 확보해야 한다.

또한, 기업은 언론에 대한 이해를 바탕으로 전략을 수립해야 한다. 언론은 뉴스 가치가 있는 내용을 보도하는 경향이 있다. 따라서 기업은 뉴스 가치가 높은 내용을 중심으로 보도자료를 작성하고, 기자회견을 개최하는 등 적극적으로 언론의 관심을 유도해야 한다. 이를 통해 기업은 효과적으로 홍보를 진행할 수 있다.

5) 성공적인 산업기사 활용 사례

성공적인 산업기사 활용 사례는 많다. 예를 들어, 한 기술 기업은 신제품 출시 시 언론에 보도자료를 배포하고, 기자회견을 개최하여 큰 관심을 끌었다.

이를 통해 기업은 신제품의 장점을 널리 알리고, 소비자의 관심을 유도했다. 이러한 전략은 신제품의 초기 판매 성과를 높이는 데 큰 기여를 했다.

또 다른 예로, 한 제조 기업은 환경 친화적인 생산 공정을 도입한 후, 이를 언론을 통해 널리 알렸다. 이를 통해 기업은 친환경 기업으로서의 이미지를 강화하고, 소비자와 투자자의 긍정적인 반응을 얻었다. 이러한 사례는 기업이 산업기사를 효과적으로 활용하여 홍보에 성공한 예이다.

이와 같은 사례들은 기업이 산업기사를 통해 자신들의 메시지를 효과적으로 전달하고, 긍정적인 이미지를 구축하는 데 큰 도움이 된다는 것을 보여준다. 기업은 이러한 사례를 참고하여 자신만의 전략을 수립하고, 효과적으로 홍보를 진행할 수 있다.

산업기사를 활용하는 것은 기업 홍보의 중요한 요소이다. 이를 통해 기업은 자신들의 혁신적 기술, 제품, 서비스 등을 널리 알릴 수 있다. 또한, 객관적인 정보 제공을 통해 신뢰를 쌓을 수 있는 기회를 제공한다.

산업기사를 효과적으로 작성하고 활용하는 것은 기업 홍보의 성공을 위한 중요한 요소이다. 기업은 이를 통해 브랜드 인지도를 높이고, 긍정적인 이미지를 구축할 수 있다.

이렇게 언론을 활용한 기업홍보 전략은 기업의 성공을 위한 중요한 요소이다. 기업은 언론을 통해 자신들의 메시지를 널리 알리고, 신뢰를 쌓을 수 있다. 또한, 효과적인 홍보 전략을 통해 긍정적인 이미지를 구축하고, 위기 상황에서도 신뢰를 유지할 수 있다. 이를 통해 기업은 지속 가능한 성장을 이룰 수 있다.

산업기사의 최신 트렌드

1) 디지털 미디어와 산업기사

디지털 미디어의 성장은 산업기사의 작성과 배포에 큰 변화를 가져왔다. 전통적인 인쇄 매체는 점차 디지털 플랫폼으로 전환되고 있다. 이는 정보의 접근성과 전달 속도를 크게 향상시켰다.

독자들은 이제 온라인에서 실시간으로 뉴스를 접할 수 있으며, 이는 산업기사의 작성 방식에도 변화를 요구한다. 디지털 미디어는 멀티미디어 요소를 포함할 수 있어, 기사에 동영상, 이미지, 인포그래픽 등을 삽입하여 정보를 더욱 풍부하게 전달할 수 있다.

디지털 미디어의 또 다른 중요한 변화는 독자와의 상호작용이다. 댓글, 공유, 좋아요 등의 기능을 통해 독자들은 기사를 소비하는 것에서 나아가 직접 참여하게 되었다.

이는 기자들이 독자의 반응을 실시간으로 파악하고, 이를 기사 작성에 반영할 수 있게 한다. 또한, 소셜 미디어 플랫폼을 통해 기사 내용이 빠르게 확산되며, 이는 기사 작성 시 바이럴 가능성을 고려하게 만든다.

2) 산업기사의 새로운 접근법

디지털 시대의 도래와 함께 산업기사의 접근법에도 변화가 생겼다. 전통적인 산업기사는 주로 텍스트에 의존했으나, 이제는 다양한 형식의 콘텐츠가 중요해졌다.

예를 들어, 팟캐스트나 웹세미나 형태의 산업기사는 독자들에게 새로운 방식으로 정보를 제공한다. 이러한 형식은 전문가의 목소리를 직접 들을 수 있어 신뢰성을 높인다.

또한, 데이터 저널리즘의 중요성이 커지고 있다. 방대한 데이터 분석을 통해 얻은 통찰력을 바탕으로 작성된 기사는 독자들에게 깊이 있는 정보를 제공한다. 데이터 시각화를 통해 복잡한 정보를 쉽게 이해할 수 있도록 돕는 것도 새로운 접근법 중 하나이다.

이러한 변화는 독자들이 더 많은 가치를 느끼게 하며, 기사에 대한 관심을 높이는 데 기여한다.

3) 소셜 미디어와의 연계

소셜 미디어는 현대 산업기사의 중요한 연계 수단이다. 트위터, 페이스북, 링크드인 등의 플랫폼은 산업기사가 빠르게 확산될 수 있는 채널을 제공한다. 기자들은 소셜 미디어를 통해 최신 트렌드를 파악하고, 독자와 직접 소통할 수 있다. 이는 기사 작성 시 시의성을 높이고, 독자의 요구를 반영할 수 있는 기회를 제공한다.

기업 또한 소셜 미디어를 통해 직접 기사를 배포하고, 독자와의 상호작용을 강화한다. 이는 보도자료를 작성할 때 소셜 미디어와의 연계를 고려하게 만든다.

예를 들어, 기사 내용에 해시태그를 삽입하거나, 소셜 미디어에서 공유될 수 있는 인포그래픽을 포함하는 등의 전략이 있다. 이러한 접근은 기사 확산을 촉진하고, 더 많은 독자에게 도달하는 데 효과적이다.

4) 보도자료 작성의 기본 원칙

보도자료의 구성 요소

보도자료는 기업의 중요한 소식을 언론에 전달하기 위한 문서이다. 효과적인 보도자료는 몇 가지 주요 구성 요소를 갖추어야 한다.

첫째, 헤드라인이다. 헤드라인은 기사의 첫 인상을 결정짓는 요소로, 짧고 강렬하게 작성해야 한다.

둘째, 리드(Lead)이다. 리드는 기사의 핵심 내용을 간략히 요약하는 부분으로, 독자의 관심을 끌어야 한다.

셋째, 본문이다. 본문은 기업의 소식을 자세히 설명하며, 관련 배경 정보와 인용문을 포함한다.

넷째, 회사 정보이다. 이는 회사의 기본 정보를 제공하며, 독자가 추가 정보를 쉽게 얻을 수 있도록 돕는다.

제목 작성법

제목은 보도자료의 성패를 좌우할 수 있는 중요한 요소이다. 좋은 제목은 짧고 명확하며, 독자의 관심을 끌어야 한다. 또한, 기사 내용의 핵심을 반영해야 한다.

예를 들어, 신제품 출시 보도자료의 경우 "혁신적인 신제품, 시장에 등장"과 같이 간결하면서도 흥미를 유발하는 제목이 효과적이다. 제목 작성 시 주요 키워드를 포함하여 검색 엔진 최적화(SEO)를 고려하는 것도 중요하다. 이는 온라인에서 보도자료의 가시성을 높이는 데 기여한다.

리드(Lead) 작성법

리드는 보도자료의 첫 단락으로, 기사의 핵심 정보를 간략히 요약한다. 효과적인 리드는 독자의 관심을 끌고, 기사의 주요 내용을 명확히 전달해야 한다.

일반적으로 1-2문장으로 구성되며, 중요한 정보를 강조한다. 예를 들어, "XX기업, 혁신적인 신제품 출시로 시장 선도"와 같은 리드는 독자에게 중요한 소식을 빠르게 전달한다. 리드 작성 시 사실적이고 객관적인 정보를 제공하는 것이 중요하다.

본문 작성법

보도자료의 본문은 기업의 소식을 자세히 설명하는 부분이다.

첫째, 5W 1H(누가, 무엇을, 언제, 어디서, 왜, 어떻게) 원칙을 적용하여, 독자가 궁금해할 만한 모든 정보를 포함해야 한다.

둘째, 인용문을 활용하여 기사에 신뢰성을 더한다. 예를 들어, 회사 대표의 코멘트를 삽입하면 기사의 신뢰도가 높아진다.

셋째, 자료를 체계적으로 정리하여 가독성을 높인다. 문단을 나누고, 중요한 정보는 굵게 표시하는 등의 방법을 사용할 수 있다.

보도자료 작성 시 주의할 점은 과장된 표현을 피하고, 사실에 기반한 정보를 제공하는 것이다. 또한, 독자의 관점에서 정보를 제공하며, 기업의 메시지를 효과적으로 전달해야 한다. 이러한 기본 원칙을 준수하면, 보도자료는 언론에서 기사화될 가능성이 높아진다.

이렇게 최신 트렌드를 반영한 보도자료 작성법은 기업의 홍보 전략에서 중요한 역할을 한다. 디지털 미디어와 소셜 미디어의 연계를 통해 정보의 확산을 촉진하고, 독자의 관심을 끄는 것이 중요하다.

또한, 보도자료의 구성 요소와 작성법을 철저히 준수하여, 신뢰성 있는 정보를 제공하는 것이 필요하다. 이러한 전략을 통해 기업은 효과적으로 자신들의 메시지를 전달하고, 긍정적인 이미지를 구축할 수 있다.

기자들이 주목하는 보도자료 작성법

1) 기자들이 주목하는 보도자료 작성 비법

뉴스 가치 판단 기준

기자들이 보도자료를 기사로 작성할지 여부를 판단할 때 가장 중요하게 고려하는 요소는 뉴스 가치이다. 뉴스 가치는 독자에게 얼마나 유익하고 흥미로운 정보를 제공하는지를 평가하는 기준이다. 주요 기준에는 시의성, 영향력, 흥미도, 인물 중심성, 독창성 등이 있다.

예를 들어, 시의성은 해당 보도가 얼마나 최근의 사건이나 트렌드를 반영하는지를 의미한다. 영향력은 그 뉴스가 독자들에게 얼마나 큰 영향을 미칠지를 평가한다. 이러한 기준을 충족하는 보도자료는 기자들이 기사로 작성할 가능성이 높다.

흥미로운 스토리텔링 기법

보도자료는 단순히 사실을 나열하는 것이 아니라, 독자의 관심을 끌 수 있는 스토리를 담아야 한다. 흥미로운 스토리텔링 기법은 보도자료를 매력적으로 만들고, 기자들이 이를 기사화할 가능성을 높인다.

예를 들어, 기업의 새로운 제품 출시를 단순히 알리는 대신, 그 제품이 어떻게 개발되었는지, 개발 과정에서의 어려움과 이를 극복한 이야기 등을 포함하면 독자의 관심을 끌 수 있다. 또한, 고객의 성공 사례나 기업 내부의 흥미로운 이야기를 통해 보도자료를 더욱 생동감 있게 만들 수 있다.

시의성과 독창성

시의성과 독창성은 기자들이 보도자료를 선택할 때 중요한 요소이다. 시의성은 보도자료가 현재의 트렌드나 사건과 관련이 있을 때 높아진다.

예를 들어, 특정 사회적 이슈가 부각되는 시기에 해당 이슈와 관련된 보도자료를 배포하면 주목받을 가능성이 크다. 독창성은 그 보도자료가 얼마나 새로운 관점이나 정보를 제공하는지를 평가하는 기준이다.

일반적인 정보나 흔한 이야기보다는 독특하고 새로운 내용을 담은 보도자료가 기자들의 관심을 끌기 쉽다.

시각 자료 활용법

보도자료에 시각 자료를 포함하면 그 효과가 배가된다. 이미지, 인포그래픽, 동영상 등 시각 자료는 독자가 내용을 쉽게 이해하고 기억하도록 돕는다.

예를 들어, 새로운 제품 출시와 관련된 보도자료에 제품 사진이나 사용 방법을 설명하는 인포그래픽을 포함하면 독자의 이해도를 높일 수 있다. 또한, 시각 자료는 기사 작성 시 기자들이 활용할 수 있어 보도자료의 기사화 가능성을 높인다. 시각 자료는 고품질의 이미지를 사용하고, 중요한 정보를 간결하게 전달하는 것이 중요하다.

2) 보도자료의 효과적인 배포 방법

적절한 배포 시기 및 채널

보도자료의 효과를 극대화하기 위해서는 적절한 배포 시기와 채널을 선택하는 것이 중요하다. 보도자료는 뉴스 가치가 높을 때, 즉 독자들의 관심이 집중될 수 있는 시기에 배포하는 것이 효과적이다.

예를 들어, 새로운 제품 출시 보도자료는 해당 제품의 출시일에 맞춰 배포하는 것이 좋다. 또한, 배포 채널은 보도자료의 타겟 독자층에 맞춰 선택해야 한다. 온라인 뉴스 사이트, 소셜 미디어, 이메일 뉴스레터 등 다양한 채널을 활용하여 보도자료를 배포할 수 있다.

타겟 미디어 선정

보도자료의 성공적인 배포를 위해서는 타겟 미디어를 신중하게 선정하는 것이 중요하다. 타겟 미디어는 보도자료의 내용과 가장 잘 맞는 독자층을 가진 매체를 의미한다.

예를 들어, IT 관련 신제품 출시 보도자료는 IT 전문 매체나 기술 블로그에 배포하는 것이 효과적이다. 타겟 미디어를 선정할 때는 해당 매체의 독자층, 보도 성향, 영향력 등을 고려해야 한다. 이는 보도자료가 해당 매체에서 기사화될 가능성을 높인다.

배포 후의 후속 조치

보도자료를 배포한 후에는 후속 조치를 통해 그 효과를 극대화할 수 있다.

첫째, 배포 후 기자들의 문의에 신속하게 대응하는 것이 중요하다. 기자들이 추가 정보를 요청할 경우, 이를 빠르게 제공하면 보도자료의 기사화 가능성을 높일 수 있다.

둘째, 배포 후 보도된 기사를 모니터링하고, 이를 기업의 소셜 미디어나 홈페이지에 공유하여 홍보 효과를 극대화할 수 있다.

셋째, 보도자료의 배포 결과를 분석하여 향후 보도자료 작성 및 배포 전략을 개선하는 데 활용할 수 있다.

3) 산업기사를 통한 성공적인 기업홍보를 위한 제언

산업기사는 기업홍보에서 중요한 역할을 한다. 이를 통해 기업은 자신들의 혁신적 기술, 제품, 서비스 등을 널리 알릴 수 있다.

또한, 객관적인 정보 제공을 통해 신뢰를 쌓을 수 있는 기회를 제공한다. 산업기사를 효과적으로 작성하고 활용하는 것은 기업 홍보의 성공을 위한 중요한 요소이다. 기업은 이를 통해 브랜드 인지도를 높이고, 긍정적인 이미지를 구축할 수 있다.

앞으로의 기업홍보는 디지털 미디어와 소셜 미디어의 중요성이 더욱 커질 것이다. 기업은 이러한 변화를 적극적으로 받아들이고, 디지털 환경에 맞춘 홍보 전략을 수립해야 한다.

또한, 기자들이 주목하는 보도자료를 작성하기 위해 뉴스 가치, 시의성, 독창성 등을 고려해야 한다. 이를 통해 기업은 효과적으로 자신들의 메시지를 전달하고, 긍정적인 이미지를 구축할 수 있다.

4) 보도자료 예시

제목: XX기업, 혁신적인 신제품 출시

리드문
XX기업이 혁신적인 신제품을 출시했다. 이번 신제품은 최신 기술을 적용하여 사용자의 편의성을 극대화했다.

본문
XX기업은 오늘 혁신적인 신제품을 출시했다고 발표했다. 이번 신제품은 최신 기술을 적용하여 사용자의 편의성을 극대화한 것이 특징이다. 회사 대표는 "이번 신제품은 우리의 기술 혁신을 보여주는 중요한 성과이다"라고 말했다. 신제품은 오는 7월부터 판매될 예정이며, 주요 기능과 특징은 다음과 같다.

회사 정보
XX기업은 20년 이상의 역사를 가진 기술 혁신 기업이다. 주요 제품으로는 A, B, C가 있으며, 고객의 만족을 최우선으로 하는 경영 철학을 가지고 있다.

체크리스트 및 참고 자료

보도자료 작성 체크리스트:

1. 제목이 명확하고 흥미로운가?
2. 리드문에 핵심 정보가 포함되어 있는가?
3. 본문에 5W 1H가 모두 포함되어 있는가?
4. 인용문이 포함되어 있는가?
5. 시각 자료가 포함되어 있는가?
6. 타겟 미디어에 맞게 배포되는가?
7. 배포 후 후속 조치가 계획되어 있는가?

▶ **참고 자료**
XX기업 보도자료 작성 가이드
뉴스 가치 판단 기준 참고 자료
소셜 미디어 활용 전략

이와 같은 구조로 보도자료를 작성하고 배포하면, 기자들이 주목할 수 있는 고품질의 자료를 제공할 수 있다. 이는 기업의 메시지를 효과적으로 전달하고, 긍정적인 이미지를 구축하는 데 큰 도움이 된다.

전명희 수석기자

<자신이 곧 브랜드다>라는 생각을 가지고 나만의 N번째 전성기를 준비하는 사람들을 위해 자기 계발 콘텐츠를 기획하고 강의하고 있다. 함께 인풋에서 아웃풋하는 과정을 즐기는 코치이자 동료이다.

20년 동안 교육커리큘럼 기획 일을 하며 다양한 경험을 했다. 『엄마독립선언』개인 저서를 출간했다. 공동저서 기획을 하고 함께 글을 쓴 『날마다 비긴 어게인』이 베스트셀러가 되면서 작가들의 홍보를 위해 기자가 되는 계기가 되었다. 기자가 되고 작가, 1인 기업가의 브랜딩 홍보 기사를 통해 취재원들의 긍정적인 발전을 보며 브랜딩 기획 기사 작성의 즐거움을 느끼고 있다. 글쓰기를 통해 제2의 인생을 계획하는 사람들을 브랜딩하는 전문 기자가 되려고 노력하고 있다.

- 맘더브랜딩스쿨 대표
- 글로브랜딩 스토리텔러 커뮤니티 운영
- 한국미디어창업뉴스 수석기자
- AI 인공지능 콘텐츠 작가
- 교육 커리큘럼 기획 코칭 및 학원 컨설팅

광고하지 말고 언론하라!

세상을 움직이는 마케팅,
언론이 답이다.

Part 4

브랜딩 홍보기사를 통한 콘텐츠확장

CONTENTS

인터넷 언론 홍보를 통한 브랜드 마케팅의 힘 _____ 103

가치를 제공하는 브랜딩 홍보 기사 작성법 _____ 106

브랜드 홍보 기사, 소셜 미디어 시너지를 활용한 홍보 전략 _____ 110

브랜딩 홍보 기사를 쓰기 위한 기자의 역할 및 태도 _____ 114

브랜딩 홍보 기사를 통한 콘텐츠 확장 사례 (1) - 작가, 1인 기업가 ____ 117

브랜딩 홍보 기사를 통한 콘텐츠 확장 사례 (2) - 학원 _____ 119

인터넷 언론 홍보를 통한 브랜드 마케팅의 힘

"홍보는 브랜드의 목소리이자, 그 목소리를 귀에 가깝게 전달하는 메가폰이다."

- 레오 바넷

"Don't be evil(악이 되지 마라)."
구글은 이 슬로건으로 브랜드에 긍정적인 이미지를 부여했다.

"Just Do it!"
이 문구가 나이키의 것이라는 것을 누구나 다 안다. 나이키는 이 강력한 슬로건으로 소비자들에게 감정적인 호응을 일으키며 팬덤을 만들었다.

세계적인 기업들은 로고 하나의 홍보로도 대중의 머릿속에 각인되어 있다. 이 외에도 많은 기업이 브랜드 홍보를 통해 큰 성공을 이루었다.

브랜딩 홍보는 회사의 비전과 사명을 대중들에게 전달하는 중요한 역할을 한다. 최근에는 퍼스널브랜딩이란 키워드가 사람들의 관심을 끌고 있다.

프리랜서라는 단어가 1인 기업가로 변화하면서 사람들은 자신의 브랜드를 알리기 위해 부단히 노력하고 있다. 하지만 노력에도 불구하고 생각만큼 브랜드를 알리는 작업은 쉽지 않다.

자신의 가치를 세상에 알리기 위해서 마케팅도 전략이 필요한 시대이다. 평범함도 어떤 전략을 사용하느냐에 따라 특별함이 될 수 있기 때문이다. 대중의 신뢰도를 높게 살 수 있는 홍보 방법은 무엇이 있을까? 바로 언론 홍보(Public Relations)이다.

대중매체에서 PR이라는 단어를 보는 것은 익숙하다. <PR의 시대>라고 할 정도로 회사의 브랜딩이 아니더라도 사람들은 자신을 세상에 알리고 싶어 한다. 특히 사업가, 작가, 학원 운영자 등 수익을 추구하는 사람들에게 홍보라는 도구는 필수라고 할 수 있다.

15년 동안 놀이학교와 영어유치원에서 부원장으로 일을 하면서 운영 이외의 학원 홍보에 신경을 쓸 수밖에 없었다. 학원 홍보를 위해 많은 돈과 에너지를 쓰는 것은 당연한 일이었다. 특히 신규 학원이라면 오픈 전부터 대대적인 홍보에 집중해야 했다.

디지털 홍보가 활발하지 않았던 터라 전단지를 들고 직접 학부모를 찾아다녔다. 신문에 전단지를 끼우는 홍보와 신문 1페이지 구석 자리에 홍보 기사를 의뢰하기도 했다.

방송의 힘을 얻고자 지역 방송에 학원 오픈 광고를 송출했다. 신문과 지역 방송에 홍보를 의뢰하는 것은 큰 금액을 지불해야 한다. 그럼에도 신문이나 매체를 통한 홍보는 신규 사업자들이 기대하는 만큼 큰 효과를 가져다주는 것은 아니다.

과거의 홍보 방법이 지출에 비해 효과를 이루지 못한 이유는 무엇이었을까? 나만의 브랜드를 알리는 방법인 광고와 마케팅에는 차이가 있다. 광고는 일반 대중들에게 노출하여 긍정적인 이미지를 노출하고 신뢰를 얻지만 마케팅은 나의 상품을 필요로 하는 고객과의 관계를 구축하고 그들에게 나의 브랜드를 노출하는 방법이다.

예를 들어 텔레비전에 나오는 광고는 일반 대중들에게 상품을 노출하는 비즈니스 광고 방식이라면, 영어 출판사가 직접 학원 원장들을 위해 세미나를 열고 영어책에 대해 홍보하는 것은 마케팅의 방식이다.

언론 마케팅은 광고와 마케팅 방법의 두 가지 효과를 지니고 있다. 세대가 변해도 바뀌지 않는 것은 사람들은 언론을 신뢰한다는 것이다. 인터넷의 발달로 때와 장소를 불문하고 인터넷을 통해 뉴스를 접한다.

매체를 통한 기사는 대중들과 쉽게 다가가는 소통의 방법임은 틀림없다. 또한 그 기사를 의심 없이 받아들인다. 언론은 힘이 있기 때문이다.

다시 말해, 하루가 멀다고 쏟아져 나오는 정보와 비슷한 브랜드 중에 사람들에게 신뢰성 있게 다가갈 수 있는 방법은 언론을 통한 홍보이다. 사람들은 인터넷 언론에 나오는 브랜딩 홍보 기사를 자신의 의도와 상관없이 관심을 가질 수 있고, 사업자는 일반 대중들에게 자신의 브랜드를 노출하는 광고의 장점을 얻게 된다.

디지털 시대는 자신의 브랜드를 홍보하는 방식에 큰 변화를 불러왔다. 언론에 광고된 브랜드는 소셜 네트워크 마케팅 전략으로 변화시킬 수 있다. 언론 홍보는 일방적인 광고와 나의 브랜드가 필요한 고객에게 전달하는 마케팅 효과를 함께 노리는 두 마리 토끼를 잡는 방법이 되었다.

따라서 개인이나 기업의 브랜드는 언론 홍보 기사와 자신의 소셜 네트워크를 이용한 마케팅으로 고객과의 관계를 구축하는 데 효용성을 갖고 있다.

인터넷 언론 홍보 기사를 통한 브랜드 마케팅의 효과는 무엇이 있을까?

첫째, 인터넷 언론 홍보는 무제한적 프로모션을 할 수 있다. 기존 아날로그 방식에서 디지털 방식으로 전환이 되면서 브랜드는 유연하고 무제한으로 프로모션 기회를 얻을 수 있다. 기존 광고는 기간 계약이 종료되면 홍보로 인한 노출도 끝이 났다. 언론 기사는 한번 인터넷으로 송출되었을 때 무제한 검색을 통해 고객들에게 노출이 될 가능성이 높다.

둘째, 브랜드는 막대한 자본금 투자 없이도 언론 홍보 기사를 통해 제한 없이 콘텐츠를 게시할 수 있다. 언론 기사를 자신의 소셜 네트워크에 기한, 횟수 상관없이 마케팅할 수 있는 장점이 있다. 이러한 유연성을 통해 콘텐츠 노출을 무제한으로 하면서 브랜드 인지도 구축, 권위 확립, 청중의 참여도 등을 높일 수 있다.

셋째, 언론을 통해 높은 인지도 구축을 한 브랜드는 해당 분야의 전문가로 인식시킬 수 있다. 소비자들에게 브랜드가 갖고 있는 콘텐츠를 타 경쟁 브랜드보다 전문성을 강조하고 자신의 분야에 전문적인 콘텐츠를 노출하면서 전문성을 강화할 수 있다.

언론을 통한 브랜딩 홍보는 종합적으로 브랜드의 가시성, 신뢰성, 전문성 등을 강화하여 비즈니스 성공에 좀 더 쉽게 다가갈 수 있는 방법이다. 이를 통해 고객들과 브랜드에 대한 이해관계를 높여 원활한 커뮤니케이션을 활성화하는 중요한 방법이다.

가치를 제공하는 브랜딩 홍보 기사 작성법

인터넷 언론 기사는 일반 청중에게 메시지를 전달하는 채널 중 하나이다. 기자는 독자에게 정확한 정보를 전달하기 위해 효과적인 글쓰기를 해야 한다. 일반적인 뉴스 기사는 사실관계를 생각하여 객관적으로 작성하게 된다.

반면 언론 홍보 기사는 기사를 의뢰한 고객을 위해 글쓰기를 해야 한다. 고객의 상품, 메시지 등 브랜드를 소비자들에게 알리기 위해 호소력 있는 글을 써야 한다. 기사는 고객을 대변할 수 있는 메시지와 대중의 관심에 영향을 미칠 수 있어야 한다. 따라서 기자는 브랜드 사업주와 브랜드를 홍보하고자 하는 고객 모두의 관점에서 바라보고 기사를 써야 한다.

일반적으로 브랜드 홍보 기사를 작성하기 위해서는 브랜드가 원하는 목표가 명확해야 한다. 브랜드의 목표를 인지하지 못하고 기사를 작성할 경우, 그 가치를 정확하게 소비자에게 전달할 수 없다.

기사는 사실과 신뢰성이 중요한 만큼 기자의 주관적인 생각이 아닌 객관적 접근으로 소비자의 호응을 얻을 수 있어야 한다. 그러기 위해서 기자는 기사 작성 전 브랜드의 이해도가 높아야 한다.

브랜딩 홍보 기사 작성은 어떻게 진행될까?

언론 홍보 기사를 작성하기 전 기자는 브랜드에 대한 많은 정보를 수집하고 객관화하는 작업이 필요하다. 결국, 홍보 기사는 브랜드의 메시지를 정확하게 전달하여 해당 기사에 대한 관심을 높이도록 하는 데 목적을 두는 것이다.

다음은 기자가 홍보 기사를 작성하기 위한 전반적인 과정이다.

첫째, 기자는 브랜드 홍보 기사를 통해 얻고자 하는 목표를 정확히 알아야 한다. 브랜드 홍보 기사는 브랜드를 대변해 대중과의 관계를 구축하고 유지할 수 있는 커뮤니케이션의 통로를 마련하는 중요한 작업이다.

따라서 브랜드가 알리고 싶은 것이 정보 제공을 위한 것인지, 긍정적 이미지 전달을 위한 단순 홍보인지, 콘텐츠 전달을 위한 마케팅인지 그 포인트를 정확히 알고 글을 써야 한다.

둘째, 기자는 브랜드에 대한 정확한 정보를 알아야 한다. 독자는 광고주의 홍보성 콘텐츠보다 언론의 기사를 더 신뢰할 수 있다.

따라서 기자는 더욱 객관적인 관점에서 글을 써야 한다. 따라서 브랜드의 철학, 배경, 콘텐츠의 사실을 증명할 자료 등을 요구하고 숙지해야 한다. 이는 독자에게 정확한 메시지를 전달하기 위해 중요한 지표가 된다.

셋째, 기자는 누구를 위해 글을 쓸 것인지 그 타깃을 명확하게 정해야 한다. 브랜드의 이해도가 충족되었다면 기사를 읽을 독자를 명확하게 정해야 한다.

태권도 학원장의 홍보 기사를 쓴다고 가정해 보자. 기자는 홍보 기사의 목표, 학원 설립 배경, 학원장의 연혁 등 사실 관계를 확인한다. 다음은 독자를 학원에 자녀를 보낼 학부모를 대상으로 할지, 같은 직업군을 가진 태권도 학원장들로 할지를 판단하여 메시지를 전달해야 한다.

넷째, 기자는 효과적인 글쓰기를 위해 독자를 설득할 것인지, 브랜드에 대해 설명을 할 것인지, 내러티브 글쓰기를 할지 정해야 한다. 브랜드 콘텐츠 종류에 따라 글쓰기의 방법이 달라진다.

예를 들어 학원 학생 모집을 위한 홍보 기사는 독자에게 등록을 하기 위한 설득형으로 글을 써야 한다. CTA(Call to Action)라는 마케팅 단어로 기사를 읽고 독자로 하여금 생각하고 행동으로 옮길 수 있도록 유도한다. 작가 홍보 기사는 독자가 그 작품을 함께 경험하고 있는 듯한 느낌을 줄 수 있는 설명형 기사로 써야 한다.

물론 모든 내용을 알려줄 필요는 없으나 기사를 읽는 동안은 작가의 작품을 함께 느끼도록 메시지를 제공해야 한다. 내러티브 글쓰기는 브랜드의 스토리를 전달하는 방법이다.

입주 청소 사업자가 자신의 브랜드를 홍보하는 기사를 의뢰했다면 기사를 통해 독자는 당장 그 브랜드를 이용하지는 않더라도 사업주의 스토리를 읽으면서 긍정적인 이미지를 얻게 된다. 미래를 위해 저장 클릭을 누를 수 있게 되는 것이다.

다섯째, 기자는 기사를 다 쓴 후, 브랜드의 사업주와 기사에 대해 소통하고 기사 수정을 한다. 기자는 글을 쓰는 동안 주관적 시선으로 자신의 감정과 생각이 들어갈 수 있기 때문에 반드시 사업주의 확인이 필요하다. 홍보 기사는 다른 보도 기사와 다르게 기자의 주관적 의견이 들어갈 수 있지만, 독자의 관심이 아닌 개인의 관심에 머물 수 있기 때문이다.

브랜드 홍보 기사는 독자에게 브랜드의 메시지를 정확하게 전달하는 목적을 갖는다. 그 메시지는 독자가 관심을 가질 만한 전달력이 있어야 한다. 이미지보다 글을 통해 독자의 마음을 움직이게 만드는 중요한 역할을 한다.

기자로서 브랜드의 가치 있는 특별함을 전달하기 위해서는 사고의 유연성과 창의성이 필요하다. 이런 능력이 있어야 독자의 관심을 끌고 마음을 움직이는 글쓰기가 가능하다.

다음은 독자의 마음을 움직이기 위한 글쓰기에 필요한 조건이다.

첫째, 독자의 관점에서 브랜드의 가치와 특징을 강조해야 한다. 독자가 어떤 이점을 브랜드에서 찾을 수 있는지를 명확하게 전달해야 한다. 구체적으로는 상품의 특징이나 서비스의 장점을 강조하여 독자가 브랜드에 관심을 가질 수 있도록 해야 한다.

둘째, 이야기를 통해 독자의 호기심과 감정을 자극한다. 브랜드의 성공 이야기나 상품을 사용한 사람들의 경험을 공유하면 독자들은 브랜드에 대한 이야기에 더욱 흥미를 느낄 수 있다. 또한, 독자들이 공감할 수 있는 이야기나 문제를 제기하여 브랜드와 독자 간의 연결고리를 형성할 수 있다.

셋째, 강력하고 명확한 문장 구조와 다양한 문체를 활용해야 한다. 글을 읽는 독자들은 시간이 제한적이므로 간결하면서도 효과적인 문장으로 브랜드의 메시지를 전달하는 것이 좋다.

마지막으로, 브랜드의 이미지와 일관성을 유지할 수 있도록 글을 이끌어야 한다. 브랜드의 키워드를 일관되게 사용하고 로고, 이미지 등을 사용하여 독자들이 글을 읽을 때 브랜드의 이미지를 쉽게 인식할 수 있도록 해야 한다.

기자의 브랜드 홍보 기사는 독자들에게 브랜드의 가치와 특별함을 전달하는 가장 효과적인 방법이다.

브랜드 홍보 기사, 소셜 미디어 시너지를 활용한 홍보 전략

디지털 마케팅이 끊임없이 발전하고 변화하고 있다. 브랜드 홍보 기사를 인터넷에 노출한 후 소셜 미디어의 힘을 활용하는 전략은 브랜드와 기자 모두에게 필수적이다. 지속적인 노출이 되기 때문이다.

소셜 미디어 플랫폼은 대중과 가장 효과적으로 소통과 상호작용을 할 수 있는 도구이며, 브랜드의 가시성과 영향력을 확대할 수 있는 가장 좋은 방법이기도 하다.

다음은 소셜 미디어를 통한 브랜드 홍보 기사의 마케팅 방법이다. 소셜 미디어의 활용 목표는 브랜드 노출, 인지도 증가, 상품 구매를 위한 스토어 트래픽 유도 등이 있다.

1) 소셜 미디어 채널 운영

브랜드는 주요 소셜 미디어 플랫폼을 활용하여 자체 채널을 운영한다. 최근 인기있는 소셜 미디어 플랫폼으로는 페이스북, 인스타그램, 트위터, 유튜브 등이 있다. 이를 통해 브랜드의 메시지를 직접 전달하고 상품 또는 서비스의 소식을 업데이트하여 고객과의 소통을 끌어낸다.

콘텐츠 공유 및 확산: 소셜 미디어 플랫폼을 통해 웹 출판된 인터넷 홍보 기사를 소셜 미디어 플랫폼에 게재한다. 브랜드 기사는 다양한 시간대에 전략적으로 게시하면서 콘텐츠를 홍보하고 확산시킨다.

재미있거나 유용한 콘텐츠 등 최근 트렌드의 릴스를 제작하여 공유함으로써 고객이 좋아하고 공유하는 방식으로 브랜드의 가시성을 높인다. 이때 브랜드의 관심도 등 고객의 온라인 행동을 분석할 수 있다.

2) 인플루언서 마케팅

인플루언서 마케팅은 소셜 미디어 전략의 핵심 요소로 자리 잡았습니다. 브랜드는 각 플랫폼에서 영향력 있는 인플루언서들과 협력하여 제품이나 서비스를 효과적으로 홍보할 수 있습니다. 이들은 많은 팔로워를 보유하고 있어, 브랜드의 메시지를 광범위하게 전파할 수 있는 능력을 갖추고 있습니다.

인플루언서와의 협업은 다양한 형태로 이루어질 수 있습니다. 제품 리뷰, 브랜드 체험, 스폰서드 포스트, 라이브 스트리밍 이벤트 등이 대표적입니다. 이러한 활동을 통해 인플루언서는 자신의 경험을 진정성 있게 공유하며, 팔로워들에게 브랜드에 대한 신뢰와 관심을 불러일으킵니다. 특히 마이크로 인플루언서를 활용하면 더욱 틈새 시장을 공략하고 높은 참여율을 얻을 수 있습니다.

인플루언서 마케팅의 성공을 위해서는 브랜드와 인플루언서 간의 가치관 일치가 중요합니다. 또한 성과 측정을 위해 전용 해시태그나 프로모션 코드를 활용하여 캠페인의 효과를 추적하고 분석해야 합니다. 이를 통해 ROI를 최적화하고 향후 캠페인을 더욱 효과적으로 기획할 수 있습니다.

3) 플랫폼 간 일관성

브랜드의 소셜 미디어 전략에서 플랫폼 간 일관성은 매우 중요합니다. 각기 다른 소셜 미디어 채널에서 일관된 브랜드 메시지와 시각적 정체성을 유지함으로써, 고객들에게 통일된 브랜드 경험을 제공할 수 있습니다. 이는 브랜드 인지도를 높이고 신뢰를 구축하는 데 핵심적인 역할을 합니다.

일관성 있는 브랜드 메시지를 전달하기 위해서는 먼저 브랜드의 핵심 가치와 개성을 명확히 정의해야 합니다. 이를 바탕으로 각 플랫폼의 특성에 맞게 콘텐츠를 최적화하되, 브랜드의 본질적인 메시지는 변하지 않도록 해야 합니다. 예를 들어, 인스타그램에서는 시각적 요소에 중점을 두고, 트위터에서는 간결한 메시지로, 유튜브에서는 영상을 통해 같은 브랜드 스토리를 전달할 수 있습니다.

또한, 시각적 요소의 일관성도 중요합니다. 로고, 색상 팔레트, 폰트, 이미지 스타일 등을 모든 플랫폼에서 일관되게 사용해야 합니다. 이를 위해 브랜드 가이드라인을 수립하고, 소셜 미디어 팀 전체가 이를 준수하도록 해야 합니다. 이러한 일관성은 브랜드의 전문성과 신뢰도를 높이며, 고객들이 여러 플랫폼에서 브랜드를 쉽게 인식하고 기억할 수 있게 합니다.

4) 리뷰 및 평가 관리

소셜 미디어 플랫폼에서 사용자들의 리뷰와 평가를 관리하고 활용할 수 있다. 홍보 기사 내용에 대한 긍정적인 리뷰는 감사의 표시를 할 수 있으며 간혹 부정적인 리뷰가 있다고 하더라도 신속하고 성의 있는 대응을 통해 브랜드의 신뢰성을 유지하고 개선할 수 있다.

위의 전략들은 소셜 미디어의 힘을 활용하여 브랜드 홍보를 강화하고 고객과의 관계를 발전시킬 수 있는 방법이다. 브랜드는 소셜 미디어 플랫폼을 적극적으로 활용하여 타깃에게 더욱 가까이 다가갈 수 있으며, 더 많은 사람에게 브랜드의 가치와 특징을 알릴 수 있게 된다.

인터넷 홍보 기사는 브랜드뿐만 아니라 그 기사를 쓴 기자도 자신을 홍보할 수 기회를 갖는다. 기자 역시 자신이 운영하는 소셜 미디어 플랫폼에 기사를 게시하면서 기자 본인의 이름을 노출할 수 있다.

기자는 소셜 미디어 플랫폼에 기사 일부를 반영한 인용구, 이미지를 사용하여 썸네일을 기획한다. 이는 독자에게 기사와 기자에 대한 호기심과 기대를 높일 수 있다. 또한 인플루언서와 협업을 통해 기자의 주 독자층을 대상으로 강의, 강연하는 등 독자 팬덤을 형성하는 기회를 얻을 수 있다.

기자로서 다양한 소셜 미디어 플랫폼 활용은 필수이다. 이는 독자들과의 상호작용을 높이고 지속적인 관심을 유도함으로써 더 넓은 사회적 영향을 창출할 수 있기 때문이다. 브랜드 홍보의 성공적인 기사는 기자의 사업적 확장이 따라오는 장점이라고 생각된다.

브랜딩 홍보 기사를 쓰기 위한 기자의 역할 및 태도

브랜딩 홍보 기사를 쓰는 기자는 브랜드의 메시지를 활용하여 독자의 공감을 불러일으키고 신뢰를 구축하는 중요한 역할을 갖고 있다. 이것은 브랜드의 대외 이미지를 높이는 일로 기자의 전문성과 기사에 임하는 태도 등 다양한 역할이 필요하다.

1) 브랜드의 정체성 이해

기자는 브랜드의 역사와 가치, 비전을 깊이 있게 이해하고 자신이 이해한 내용에 대해 스토리텔러 역할을 한다. 따라서 브랜드에 대해 사전 조사가 필요하다. 기자는 어린이 교육 사업에 대한 홍보 기사를 의뢰받은 적이 있다. 교육사업자의 사업 배경에 대한 사업계획서, 홍보 리플렛 등의 자료를 받았다.

뇌과학을 기반으로 한 교육 사업이었다. 자료에 있는 내용을 그대로 전달하는 설명형 기사를 작성할 수 있으나 브랜드에서 추구하는 뇌과학에 대한 전반적인 내용에 대해 자료 조사를 하고 공부했다.

기자가 브랜드에 대한 완벽한 이해 없이 기사를 쓴다면 독자에게 설득력 있는 내용을 전달할 수 없기 때문이다. 철저한 조사는 설득력 있는 내러티브 기사를 작성할 수 있는 장점이 되고 브랜드의 특별함, 차별점을 발견할 수 있는 기초가 된다.

2) 객관적인 관점

기자는 기사에 객관적으로 접근하여 편견 없이 사실과 통찰력을 제시해야 한다. 이러한 공정성은 홍보 기사의 진정성을 높여 독자와 기사 의뢰자 사이에서 신뢰를 높이는 데 도움이 된다.

이제 시작하는 브랜드나 큰 성과를 내지 못하는 브랜드 사업자 중 기사를 내면 빠르게 고객을 유입할 수 있을 거라고 기대한다. 그래서 브랜드의 정체성이나 사업주의 성실함보다 언론의 힘에 의존하려는 경우를 만난다.

갓 사업을 시작한 사업주가 기사를 의뢰하기 위해 연락이 왔다. 상황에 이끌려 작은 사업을 시작한 사업주는 고객 모집이 안 된다며 기사를 의뢰했다. 기자는 사업주와 회의를 거쳐 사업주의 마인드와 배경 등 사업에 대한 전반적인 내용을 파악했다.

의뢰자는 기자에게 사업주의 마인드 이상의 과대포장을 요구했다. 기자는 객관적인 관점에서 단순 노출을 하는 기사는 가능하나 사업주의 열정, 성과 등 사업주의 가치 있는 메시지 없이는 기자의 주관적 의견으로 기사를 작성할 수 없음을 알렸다.

3) 진정성 전달

독자의 마음을 사로잡고 참여시키기 위해 기자의 스토리 작성의 기술이 필요하다. 기자는 브랜드에 열정을 쏟는 사업주에 초점을 맞춰 그 브랜드의 탄생 과정, 성과 사례, 인간적 접근으로 공감을 불러일으키는 기사를 작성한다.

독자는 쏟아져 나오는 정보 중에서 진정성이 전달되는 내용에 호기심과 관심을 두기 마련이다. 이런 호기심과 관심은 다른 사람에게 전달하는 스토리의 초석이 된다.

4) 책임과 정직성

기자는 저널리즘 윤리를 지켜야 하는 문제에 대해서는 협상할 수 없다. 기자는 스토리텔링의 정확성, 공정성, 진실성을 보장해야 한다. 미디어 환경은 끊임없이 진화하고 변화하고 있다. 좀 더 자극적인 내용으로 독자의 관심을 끌어내려고 하는 경우도 있다.

언제나 자신이 쓴 기사에 책임감을 느끼고 끝까지 지키려는 태도를 가져야 한다. 그런 태도는 언론인으로서 브랜드에 대한 신뢰를 구축하고 지속적인 관계를 맺는 통로가 된다.

5) 공감

공감은 기자와 독자를 연결하는 다리이다. 독자의 요구, 열망, 우려 사항을 이해하면 기자는 그에 맞는 기사를 맞춤화할 수 있다. 트렌드를 이해하고 공감적 접근 방식을 연결하면 홍보 콘텐츠가 다양해지고 더욱 임팩트 있게 작성할 수 있다.

결론적으로 브랜딩 홍보 기사를 작성하는 기자는 단순한 보도 이상의 역할을 한다. 이는 대중의 인식과 관심을 형성하는 창의적인 노력이 필요하다. 철저한 조사, 객관성, 공감 등 많은 것들을 요구할 수 있으나 나의 기사로 다른 사람의 가치를 전달하는 의미 있는 작업임은 틀림없다.

브랜딩 홍보 기사를 통한 콘텐츠 확장 사례 (1)
- 작가, 1인 기업가

종이책을 출간하고 기자가 되려고 결심한 순간은 공동저서를 기획하면서부터였다. 작가로 내 책이 출간은 되었지만, 초보 작가에게 책 마케팅은 쉬운 일이 아니었다. 10일간의 예약 판매 기간 동안 지인들에게 책을 홍보하고 구매를 요청하는 것이 어려웠다. 부탁하지 못하는 성격이라 다른 사람들이 느끼는 것 이상으로 부담감이 컸다.

책 출간 후 5개월이 지나고 나서 공동저서 1기를 모집하고 글을 쓰기 시작했다. 이때부터 나만의 책이 아닌 다른 작가님들의 책을 홍보하기 위해 어떤 역할을 해야 할지 고민하게 됐다.

그때 눈에 들어온 것이 인터넷 기자였다. 그렇게 기자가 된 후 나와 똑같은 문제를 겪고 있는 작가, 또는 예비 작가들을 위해 홍보 기사를 쓰기 시작했다.

작가는 대부분 1인 기업을 목표로 하거나 이미 하는 분들이 많았다. 작가는 책을 홍보하면서 책을 통한 강의, 강연을 알리고 고객을 모으는 것에 초점을 맞추고 있다. 1인 기업가들 역시 비슷한 목표를 갖는 분들이 많았다. 모두 자신의 상품 또는 서비스로 브랜딩하길 원했고 팬덤을 만들고 싶어 했다.

작가나 1인 기업가들의 브랜딩 기사를 쓸 때 가장 많이 사용한 것이 스토리를 활용한 기사였다. 브랜드 또는 사람의 스토리를 적어 내려가는 것이었다. '왜'라는 의문문부터 시작한 것이다. 왜 작가가 되었는지? 왜 책을 쓰게 되었는지? 왜 1인 기업을 하려고 했는지?

이들과 같은 경험을 하는 또는 경험한 독자들에게 공감을 주기 위해 기자의 시선으로 글을 쓴다. 작가, 1인 기업가들의 성과 스토리를 통해 독자는 그들의 성공과 실패를 글을 통해 경험하면서 그들의 다음 콘텐츠에 대해 궁금하게 된다.

개인 사업을 하는 A는 책을 출간한 후 퍼스널브랜딩을 구축하길 원했다. 기자는 A의 책을 읽고 인터뷰를 통해 A가 원하는 사업 플랫폼을 정확하게 인지한다. A의 기사는 Q&A의 인터뷰 기사 형식으로 사업을 시작한 동기부터 작가가 된 성공 스토리를 토대로 작성되었다.

이후 A는 소셜 미디어를 통해 기사를 노출하는 마케팅을 했다. 기사 노출 빈도가 높아지며 구글, 네이버 등 포털 사이트에서 검색 순위 안에 들게 됐다.

과거에 책을 출간한 경험이 있는 B 작가는 신간이 나왔다. B 작가는 책 출간이 강의와 강연으로 연결되기를 원했다. 그러나 소셜 미디어 플랫폼을 통해 강의 홍보를 해도 생각만큼 성과를 이루지 못했다. B 작가는 신간 소개와 강의, 강연 홍보를 의뢰했다.

기자는 B 작가의 강의 기획서를 받고 강의 주제에 대해 자료 조사를 했다. 20년 경력의 교육 기획을 해 왔던 기자는 커리큘럼에 대한 이해도가 높았다. 강의에 대해 독자들이 쉽게 이해할 수 있도록 강의, 강연에 대한 콘셉트 기사를 작성했다. 기사 웹 출판 이후 B 작가는 자신의 강의를 오픈하게 되었다.

작가, 1인 기업가는 홍보 기사를 통해 타깃을 구별하고 잠재고객을 구축하는 브랜드로 성장할 수 있다. 정의하기 어려웠던 브랜드 정체성은 기사를 통해 확립되어 갈 수 있다. 기사와 일관성 있는 맞춤형 홍보는 전문성을 강조하는 계기가 된다. 이를 통해 새로운 독자의 팬덤 트래픽을 유도할 수 있으며 네트워크를 형성하게 된다.

브랜딩 홍보 기사를 통한 콘텐츠 확장 사례 (2) - 학원

학원 홍보 기사는 여러 관점에서 기사를 작성해야 한다. 기사를 의뢰한 사업자를 위한 기사이며 동시에 교사, 학생, 학부모 등 고려해야 할 사항들이 많이 있다. 이 모든 것을 충족할 때 학원은 홍보 기사를 통해 아카데미 브랜딩의 장점을 얻는다.

다음은 홍보 기사를 통한 아카데미 브랜딩의 장점을 알 수 있다.

첫째, 학원은 기사를 통해 교육환경을 전략적으로 포지셔닝할 수 있다. 차별화된 프로그램, 교사들의 전문성, 혁신적인 접근 방식으로 가시성을 높이고 동종업계 종사자와 학부모의 관심을 끌 수 있다.

둘째, 짜임새 있는 기사를 통해 아카데미의 전문성을 선보일 기회를 얻는다. 동네 홍보에 집중되었던 한계가 인터넷을 통해 지역적 단점을 벗어 기관의 명성을 알릴 수 있게 된다.

셋째, 학원의 사명과 가치, 성공 사례를 투명하게 전달하는 기사는 학부모와 학생에게 신뢰 구축을 하게 된다. 학문적 우수성과 성실성에 대한 헌신을 입증하면 교육 기관의 신뢰성이 높아짐을 알 수 있다.

넷째, 다양한 커뮤니티 참여를 하는 기사를 통해 학원의 긍정적이고 포용적인 브랜드 이미지를 구축할 수 있으며, 이는 학생과 학부모가 직접 참여하지 않더라도 소속감에 의한 긍정적인 반향을 불러일으킬 수 있다.

이렇듯 학원의 홍보 기사는 사교육 현장에서 고민하고 있는 학부모와 학생에게 다양한 정보를 제공하고 선택할 수 있는 기회를 준다. 1인 원장 시스템이 아닌 대형 학원은 원장 개인의 브랜딩보다 학원의 브랜딩을 강조한다. 학원은 특히 학생에게 적합한 맞춤 교육이 이루어지는 특수성 때문에 기존 상품을 구매하는 것과 다르다. 학부모들이 가볍게 선택하고 구매할 수 없다.

또한 학원은 24시간 마케팅에 의존할 수 없는 점도 바로 교육은 홍보만으로 100퍼센트 전달할 수 없기 때문이다. 이런 이유로 인해 학원은 언론을 통해 교육의 가치를 알리고 우선 사람이 찾아오게 만들어야 한다. 찾아오기만 해도 학원은 마케팅의 반은 성공한 것이다. 대면에서 콘텐츠를 제공하고 피드백을 받을 기회를 얻을 수 있기 때문이다.

C 학원 원장님은 지역 내 학원을 운영하며 후배 양성에도 열정을 쏟으시는 교육사업자이다. 동종업계 원장과 교사에게 알려진 인물일지라도 학부모와 학생들에게 C 원장의 남다른 교육 방식에 대해 알려주고 싶었다. 체육학원임에도 학생들과 함께 매일 줌을 통해 새벽마다 독서와 글쓰기를 하고 후배 양성을 위해 경영 프로그램을 운영하는 모습이 독자들에게 긍정적인 영감을 줄 만했다.

홍보 기사는 단순히 고객에게 판매의 목적만을 갖지 않는다. 기자는 다양한 경험을 통해 안목을 넓히고 독자에게 긍정적인 가치를 줄 수 있는 브랜드를 선택할 수 있는 능력을 키워야 한다. 좋은 기자는 독자에게 좋은 영향력을 줄 수 있는 기사로 소통하려고 노력하는 것이라고 생각한다.

브랜드 홍보기사에 넣을 내용을 정리해 보세요

유진혁 기자

　예비 및 초기 창업가, 창업기업의 지속 성장을 위해 걸림돌을 치우고 그 자리에 디딤돌을 놓는 '실전 창업코치'이다. 10년 넘게 창업 현장의 문제 해결을 돕고 있으며 사업계획서, 각종 보고서 및 제안서, 칼럼, 전자책 등 비즈니스 콘텐츠 기획 및 편집 전문가로 활동하고 있다.

　현재 중소기업벤처부, 과학기술정보통신부, 한국콘텐츠진흥원 등 정부과제 전문심사위원으로 활동중이다. 국내 유수의 대기업의 전문 교육 컨설팅과 중소기업 경영 컨설팅을 각각 10년간 수행하면서 사업문제해결 전문가로 활동 중이다.

　연평균 100명 이상의 창업자를 코칭하고 10개 이상의 창업기업에 대한 정기 자문을 수행하고 있다. 한국미디어창업뉴스의 기자로서 스타트업, 소상공, 1인 기업의 트렌드를 읽고 이들의 주요 이슈를 기사화 하면서 성장의 생생한 모습을 사회에 알리는 사명감을 가지고 있다. 창업을 시작하려는 사람, 자금과 마케팅 등의 문제로 씨름하는 창업기업들을 돕고 있다.

- 벤처인사이트 대표 (창업기업 CEO 코치)
- 미국공인회계사(AICPA)

광고하지 말고 언론하라!

세상을 움직이는 마케팅,
언론이 답이다.

Part 5

창업기업 맞춤형 언론마케팅 전략

CONTENTS

창업기업 언론마케팅의 가치 _____ 125

창업기업을 위한 언론마케팅의 강점과 제약 _____ 126

창업기업에 맞는 4가지 언론마케팅 전략 _____ 128

사업화 단계별 언론홍보의 활용 사례 _____ 131

창업기업의 3가지 유형별 언론홍보의 활용사례 _____ 137

창업가를 위한 언론홍보의 최적 활용 포인트 _____ 149

창업기업 언론마케팅의 가치

"이제 목표시장에서 본격적으로 사업을 추진하고자 하는 창업기업, 언제 언론홍보를 필요로 할까?"

창업이라는 행위는 기존의 세상에 있는 것과 다르거나 더 나은 것을 제공하겠다는 동기로부터 시작된다. 대게 창업기업이 내놓은 사업아이디어는 기존과는 무언가 다른 새로운 것이다. 따라서, 제품이나 서비스로 개발하여 시장에 내놓았을 때 잘 팔리면 좋지만, 고객이나 대중의 눈높이에서는 낯설게 느끼는 경우가 많다.

'에어비엔비'가 처음에 호텔이나 여관이 아닌 버젓한 소유주의 방을 공유해서 낯선 사람에게 빌려주는 것을 중개하고 나서겠다고 하자 많은 전문가들은 "누가 이런 서비스를 쓸까요?"라는 시각이 지배적이었다.

'요기요'가 처음 배달 서비스를 시작하자고 했을 때 이를 이용하겠다고 자발적으로 나서는 음식점들이 별로 없었다.

우리가 아는 스마트폰의 원형은 애플이 시작이 아니었다. 모토롤라 등 몇개 기업이 유사한 모델을 시도했었고 낯선 제품의 등장에 소비자의 반응은 냉담했다.

이러한 상황에 직면한 초기 창업기업들의 입장에서 자신들의 제품과 서비스를 알리는 광고나 SNS마케팅에 집중하기 십상이다. 당장 수익이 되지 않고 눈에 보이는 실적에 눈에 불을 켜고 있는데 언론홍보를 한다는 것은 언감생심이다. 창업자들에게 언론홍보는 하면 좋은 것이지만 실사은 필수적인 활동으로 생각하지 않고 있다.

상당수의 창업기업들이 언론 홍보를 본격화하는 시기는 안타깝게도 기존 방법으로 모객이나 수주가 되지 않고 인지도가 올라가지 않아 걱정되기 시작하면서 부터이다. 필자의 경험상 시장에서 공신력이 떨어져서 어려움을 겪고 나서야 비로서 홍보에 소홀히 했음을 느끼는 창업주들이 많았다.

기존 마케팅 방식으로는 소비자의 호감을 살 수 있을지 몰라도 신뢰를 얻는 것은 쉽지 않다. 투자도 마찬가지이다. 투자심사나 IR 피칭의 기회를 얻어도 객관적으로 사업의 실체를 제대로 알리지 못해 모처럼 얻은 기회를 놓치는 경우를 종종 발견한다. 언론은 창업기업의 객관성과 신뢰성을 중재하는 역할을 하기때문에 이러한 창업기업들의 상황을 개선하는 데 도움이 된다.

결국, '시장에 알려져 있냐, 아니냐' 그 자체보다 중요한 것은 '시장에 어떻게 알려지고 있느냐"이다. 공신력있는 매체를 통해 제대로 된 제품과 서비스를 만들어 시장에서 반응을 얻고 있다는 신뢰를 얻으려면 창업 초기부터 반드시 언론홍보에 관심을 가져야 한다.

창업기업을 위한 언론마케팅의 강점과 제약

창업기업에게 줄 수 있는 언론마케팅의 혜택은? 한마디로 창업기업을 대중들에게 알려주고 믿을 수 있는 정보를 제공하는 것이다. 공신력있는 매체와 정보성 콘텐츠를 통해 사업의 가치를 진정성있게 전달하기에 가능하다. 이를 조금 더 쉽게 이야기하면 아직 창업기업에 대해 잘 모르는 고객이나 이해관계자를 포함한 대중들이 창업기업에 대한 정보를 쉽고 빠르게 접할 수 있도록 해준다. 또한, 언론 보도는 일반 광고는 줄 수 없는 공정성이 담긴 신뢰를 주는 것이 강점이라고 할 수 있다.

일반 대중과 함께 언론보도를 많이 접하는 이용자로 공공기관과 대기업들을 들 수 있다. 공공기관에 입찰을 들어가거나 대기업과 파트너십으로 비즈니스를 하고자 할 때 언론보도의 가치는 더욱 커진다. 창업기업은 창업아이템에 관한 소재로 보도자료를 작성하고 사실에 입각하여 서비스의 장점과 차별점을 자연스럽게 대중들에게 알릴 수 있다.

필요하다면 공익적인 이벤트를 통해 이슈메이킹 효과를 극대화 할 수 있다. 요즘 창업기업이 가장 많이 이용하는 마케팅 수단은 SNS일 것이다. 생각해보자. SNS에 그냥 창업기업주나 직원이 올린 글과 언론매체에 실린 글이 간접적으로 SNS에 올리는 것과 어떤 것이 더 주목효과와 신뢰도가 크겠는가?

기존에 온라인 마케팅을 통해 모객을 할 때 언론기사 정보를 같이 콘텐츠 정보에 담아 적절하게 활용하면 고객의 유입율이 현저하게 올라간다는 것이 정설이다.

물론, 언론마케팅이 모든 창업기업에게 항상 홍보의 정답을 제공해주지는 않는다. 홍보의 효과는 일반 온라인마케팅에 비해 늦게 나타난다. 공신력있는 매체가 바이럴되어 잠재고객의 눈에 띠려면 별도의 노력이 필요하다. 1~2회의 홍보만으로 홍과를 보기도 어렵다. 일정기간 동안 꾸준히 언론에 노출하려고 노력할 때 홍보의 파급력이 나타나는 것이지 하나의 기사를 잘 띄운다고 창업기업이 스타로 돌변하는 일은 기대하기 쉽지 않다. 블로그 글을 올리는 일도 마찬가지 이듯이 기사게재와 홍보도 꾸준함이 중요하다.

그럼에도 불구하고 언론홍보의 가치에 대해 꼭 기억해야 할 사항이 있다. 세상은 언론에 노출된 기업을 인정하고 신뢰하는 경향이 있다는 점이다. 일반 대중이 기업을 방문해서 속사정을 알아내기란 매우 어렵다.

더군다나 잘 알려지지 않은 창업기업이라면. 사업아이템를 만들어서 가치를 잘 진열해 놓으면 사람들이 알아주겠지? 그렇지 않다. 사람들이 찾아오게끔 해야 한다. 어떻게? 공신력있는 언론을 통해 기업의 가치를 제대로 알리는 것이 효과적이다. 언론홍보는 기업을 대중에게 인지시키고 기업의 스토리를 믿게 하는 가장 효과적인 방법 중 하나라는 사실을 기억하자.

창업기업에 맞는 4가지 언론마케팅 전략

창업기업이 대기업과 동일한 마케팅 전략을 구사하는 것은 옛속담처럼 섶을 지고 불에 뛰어드는 것과 같다. 창업기업은 통상적으로 대기업과 달리 3가지가 많이 부족하다. 시간, 돈, 비즈니스 인맥 3가지가 부족하다.

먼저, 창업기업은 시간이 부족하다. 바쁘다. 이제 사업을 시작한 초기 창업기업일수록 창업주 1인이 제품 또는 서비스 개발, 시장의 니즈 파악 및 대응, 기업 설립 및 운영, 사람관리, 재무관리 등 모든 것을 책임지고 실무도 일일이 관여해야 한다. 바쁜 창업기업들이 당장 장기적인 가치는 분명하지만 당장의 성과로 쉽게 드러나지 않는 언론홍보에까지 신경쓰는 것은 쉽지 않다.

창업기업은 태생적으로 돈도 언론계 인맥도 부족하다. 여유자금을 충분히 가지고 시작하지 못하는 창업이 태반이다. 자금이 있더라도 각종 운영자금, 시설자금과 서비스 개발 등에 자금을 투입하기 바쁘다. 소위 데쓰밸리(Death Valley)라고 불리는 '죽음의 계곡' 구간을 지나는 동안에는 밑빠진 독에 물 붓듯 돈이 빠져나간다.

또한, 미디어창업을 하는 기업들을 제외하고는 대부분 대기업 대비 공식적인 언론계 쪽에 영향력이 풍부하지 못하다. 홍보팀을 별도로 꾸미는 큰 기업대비 어찌보면 당연한 일이겠지만. 언론홍보를 위한 사면초가같은 상황에 놓인 창업기업, 하지만 시장과 대중으로부터 신뢰를 얻기 위해서는 언론홍보를 잘하는 것이 필수불가결하다. 어떻게 해야 효과적인 언론마케팅 전략을 구사할 수 있을까?

창업기업이 쓸 수 있는 첫 번째 전략은 바로 '창업기업과 창업아이템'자체를 기사화 하는 것이다. 초기 창업기업이 확실하게 확보하고 있는 것은 결국 창업가와 창업가가 가진 아이디어가 대부분이다. 창업가가 하는 모든 생각과 행동 자체가 하나의 창업 스토리다.

따라서, 창업기업과 창업아이템을 기사거리가 될 수 있는 화제를 만들어야 한다. 창업아이템을 생각하게 된 배경, 창업자의 철학, 창업하는 과정에서 만난 애로사항과 환경변화에 대한 대응 등 창업을 기획하고 실행하는 과정에서 발생하는 모든 일들이 스토리의 소재가 된다.

제품과 서비스의 컨셉이 명확하게 드러날 수 있도록 있다면 창업아이템의 대부분이 최초로 개발되었거나, 생활밀착형 아이템이거나 신기술을 접목한 것이기 때문에 대중이나 전문가의 흥미를 끌 수 있는 소재가 많이 있다. 창업기업 내 CEO나 임직원의 이력이 특별하다면 이 역시 잠재고객과 투자자의 이목을 끌 수 있을 것이다. 다만, 언론홍보의 특성상 사실적인 내용을 과장하지 않고 중립적으로 표현하는 것이 중요하다.

두 번째 전략은 언론 홍보를 위한 자원을 효율적으로 사용하는 것이다. 시간, 돈, 사람이 부족한 창업기업이라면 각각의 자원 투입을 절감하면서도 언론 홍보활동을 꾸준히 지속할 수 있는방안을 찾아야 한다.

사실 언론홍보를 효과적으로 한다면 기사게재만으로 다른 광고마케팅 비용을 절감할 수 있을 것이다. 창업기업의 광고마케팅 시 중요한 목표 중 하나는 고객 한명 당 투입되는 광고비용을 절감하는 것이다. 언론기사 내용을 함께 광고에 반영하는 것이 고객의 유입을 원활하게 한다는 측면에서 분명히 효과적인 언론홍보는 광고비용을 절감한다.

인맥의 측면에서도 입소문 내주는 대중과 전문가의 노력을 대신하는 것이 언론 홍보라는 측면에서 창업기업의 별도 인맥 투입을 줄여주는 효과가 있다. 단, 언론홍보의 시간을 절약하는 것은 좋은 전략은 아니다. 언론홍보의 속성상 특별한 이슈기사가 아닌한 나무 심듯이 꾸준히 기사화하는 축적의 시간이 필요하다.

세 번째 전략은 공격적으로 홍보하는 것이다. 대기업 홍보의 경우 여러 가지 기업의 평판, 신뢰의 위기 상황에 대응하는 방어전략보다 성과를 이루어내는 과정을 매력적인 스토리로 만들어서 잘 알려주는 것이 필요하다. 비록 당장 성과가 크지 않더라도 주요한 진행경과(milestone)를 소개하는 것은 중요한 정보가 될 수 있다. 창업기업 중에서도 스타트업의 경우 어짜피 위험을 감수하고 공격적으로 성장하는 목표를 가지고 있다.

현재는 작은 성과 일지라도 투자의 단계를 거치면서 시드 단계 → 시리즈 A → 시리즈 B → 시리즈 C로 단계별로 성장하기 때문에 창업기업에 관심을 가지고 있는 투자자, 유통업체, 공공기관에게는 중요한 정보가 될 수 있다.

네 번째 전략, 기존 창업기업의 온라인, 오프라인 마케팅 전략과 시너지를 만들어라. 큰 틀에서 언론홍보도 마케팅 전략 중 하나이다. 오프라인 이벤트와 함께 인스타, 유튜브, 블로그 같은 온라인마케팅 도구를 가지고 마케팅 활동을 전개 할 때 언론홍보를 어떻게 활용할 것인지 같이 구상하는 것이 현명하다.

광고의 일차적 목적은 창업아이템의 상품가치와 기업의 가치를 알려서 잠재고객들이 매장으로 오게 만드는 것이 목적이다. 홍보기사로 잘 브랜딩 되어 있는 기업이라면 광고의 목적을 달성하는 데 도움이 될 것이다. 상품의 가치와 신뢰를 높이는 후기를 그냥 기재하지 말고 홍보기사에 객관적인 근거를 넣어서 게재할 경우 고객 후기의 공신력도 함께 올라갈 것이다.

사업화 단계별 언론홍보의 활용 사례

창업은 번갯불에 콩 볶아 먹듯이 정신없이 시간이 간다. 하지만, 창업이 성과가 나기까지의 단계는 명확하다. 사업화단계별로 언론홍보, 언론마케팅을 최적으로 활용하기 위한 구체적인 실행방안도 마찬가지이다.

통상 사업아이디어 구상단계, 제품/서비스/콘텐츠 등 아이템 개발 및 시장테스트 단계, 1차 목표시장진입 실행단계, 시장확산단계 등으로 구분해 볼 수 있다. 각 단계별 언론마케팅 방안과 활용사례를 알아보고자 한다.

① 사업 아이디어 구상 단계

브랜드 아이덴티티의 기반을 구축하고 비즈니스 아이디어에 대한 소문을 퍼뜨리는 것이 중요하다.

쿠팡(Coupang)이 창업할 당시 잠재고객의 관심을 불러일으키고 전자상거래 플랫폼 아이디어를 검증하는 데 홍보의 주안점을 두었다. 처음에는 일일 거래에 중점을 두고 소셜 미디어를 활용하여 화제를 모았습니다. 혼잡한 전자상거래 공간에서 고유한 가치 제안을 소개하기 위해 언론홍보와 함께 페이스북과 기타 온라인 플랫폼을 사용했다.

언론 홍보를 통해 소셜 미디어 및 네트워킹 이벤트를 추진하고 있음을 알렸고, 이것을 온라인 플랫폼을 통해 바이럴 시키면서 잠재 고객 및 업계 전문가와 대화에 참여시킬 수 있었고 상당한 사용자 기반을 빠르게 구축할 수 있었다.

사업 아이디어 구상 단계에서는 블로그나 팟케스트, 인스타, 유튜브 등의 SNS와 언론홍보를 병행하면서 속도와 신뢰감의 균형을 잘 찾는 게 중요하다. 곧 출시될 제품/서비스에 대한 티저 콘텐츠를 만들어 언론 홍보를 통해 호기심을 불러일으키고, 본 이벤트의 진행은 비밀스러운 소셜 미디어 게시물 이나 지속 업데이트되는 정보를 받기 위한 이메일 주소를 요청하는 출시 전 랜딩 웹사이트 페이지를 활용하는 것이 대안이 될 것이다.

② 제품/서비스/컨텐츠 개발 및 시장 테스트 단계

제품/서비스에 대한 관심과 피드백을 얻고 시장 반응에 따라 홍보활동을 개선하는 선순한 구조를 만드는 것이 중요하다.

금융 서비스 앱 서비스 토스(Toss)는 이 단계에서 사용자 기반을 구축하고 사용자 피드백을 통해 제품을 개선하는 활동에 집중했다. 원래 송금을 위한 간단한 사용자 인터페이스를 출시하는 것에서 사업은 시작되었고 이후 적극적으로 사용자 피드백을 구하고 서비스 개선을 위해 자주 업데이트 하며, 이 과정을 언론기사와 온라인 페이지로 적절하게 노출시켰다.

토스 앱이 더 간단한 금융 거래를 기대하는 사용자의 실제 요구를 해결했기 때문에 사용자의 지지를 받으며 급속한 성장으로 이어졌다.

하지만, 사용자 피드백을 바탕으로 지속적인 개선을 하고 이를 다시 서비스와 홍보활동에 반영하는 구조가 없었더라면 Toss는 대한민국 최고의 핀테크 앱으로 성장하기는 어려웠을 것이라고 생각한다.

이렇듯 보도자료 및 소셜 미디어를 통해 베타 테스트 출시를 홍보하는 활동이 중요하다. 얼리 어답터를 초대하여 제품/서비스를 사용해 보고 피드백을 제공하는 것이 기본이며, 이를 이슈화하여 보도자료로 만드는 것이 중요하다. 인플루언서 또는 업계 블로거와 협력하여 제품/서비스를 검토하는 활동도 병행될 필요가 있다. 이들의 피드백은 귀중한 통찰력과 노출을 제공할 수 있다.

통상적으로 이 단계에서 많은 콘텐츠와 정보가 양산되기 때문에 콘텐츠 마케팅이 유효하다. 언론 홍보용 콘텐츠에서는 제품/서비스가 해결하는 문제와 관련된 콘텐츠를 게시하고 사례 연구, 방법 가이드, 정보 제공 목적의 영상을 포함시키는 것이 추천된다.

③ 1차 목표시장 진입 단계

강력한 시장 진입을 달성하고 고객 기반을 구축한다.

카카오톡의 경우 창업 시 모바일 메시징 분야에서 강력한 시장 입지를 구축한 사례로 유명하다. 카카오톡은 사용자 친화적인 인터페이스와 이모티콘, 테마 등의 고유한 기능으로 시장에 진출했다. 이들은 인플루언서 추천과 전략적 파트너십을 포함한 바이럴 마케팅 전략을 활용했으며, 그 성과를 적절하게 언론에 노출시킴으로써 공신력을 높였다.

이러한 노력으로 인해 카카오톡은 대다수의 스마트폰 사용자층이 이를 채택하면서 한국에서 가장 지배적인 메시징 앱이 되었다.

이 단계에서는 실제 사용자를 대상으로 한 가상 또는 실제 출시 이벤트를 조직하는 것이 중요하다. 미디어, 영향력 있는 사람, 업계 전문가, 잠재 고객을 초대하여 이를 언론홍보와 연결시키는 것이 중요하다. 라이브 스트리밍이나 라이브 트윗을 통해 광범위한 보도가 가능하다.

고객 사용후기 및 성공 사례를 통해 제품/서비스로 혜택을 받은 얼리 어답터의 사례를 공유하는 것이 필요하다. 실제 사용 사례를 홍보하는 것은 홍보의 파급력을 높일 수 있을 것이다.

아러한 홍보활동과 함께 타겟 디지털 광고를 병행하는 것이 주요하다. 언론 홍보로 대중의 관심을 끈 이후에 타겟 광고를 수행함으로써 목표로 한 주요 시장에 실질적으로 도달할 수 있다. 여기에는 소셜 미디어 광고, Google AdWords 및 재타겟팅 캠페인 등이 포함된다.

④ 시장 확대 단계

시장 진출을 확대하고 업계에서 강력한 입지를 구축하는 단계로 이러한 성과를 알리는 것이 중요하다.

우아한형제들의 배달의민족 사례를 보면 초기 창업의 핵심 서비스를 넘어 시장 도달 범위를 확대하는 것에 차별성이 있었다. 선도적인 음식 배달 서비스로 자리매김한 우아한형제들은 식료품 배달을 위한 B마트와 같은 새로운 서비스를 도입하고 혁신적인 배달 솔루션을 위해 자율주행차 기업과 제휴하여 확장했다. 이러한 과정에서 언론노출이 시의적절하게 이루어지면서 새로운 서비스에 대한 잠재고객들의 기대감을 증폭시켰다.

이를 통해 통해 우아한형제들은 수익원을 다각화하고 시장 리더십을 유지할 수 있었다. 이들의 혁신적인 접근 방식은 해외의 관심과 투자를 이끌어냈고, 딜리버리 히어로(Delivery Hero)에 인수되는 결과를 만들어 냈다.

이상의 4가지 사업화 단계와 사례를 분석해보면 각 단계에 걸쳐 창업기업들이 고려해야 할 공통적인 홍보실행 방안을 엿볼 수 있다. 창업기업의 성공 사례 연구는 사업화의 각 단계에서 전략적 미디어 홍보의 중요성을 보여준다. 대상 고객을 이해하고, 고유한 시장 기회를 활용하고, 지속적인 피드백을 통해 개선하는 과정을 지속적으로 창업수기 형태의 스토리로 만들어 언론홍보에 반영함으로써 창업기업들은 상당한 성장과 시장 입지를 달성할 수 있었다.

사례로 든 모든 회사는 보도 자료와 인터뷰를 통해 대중에게 진행 상황과 혁신에 대한 정보를 제공하는 등 정기적으로 미디어와 소통했다. 쿠팡, 카카오톡과 같은 회사는 시장에 대한 깊은 이해를 바탕으로 서비스와 마케팅 전략을 맞춤화했으며 이것이 성공의 주요한 원인이 되었다. 다음은 사례 기업들이 언론 홍보시에 활용했던 주요 주제들이다.

■ 소비자 피드백에 대한 적응: 토스, 배달의 민족과 같은 회사는 소비자 피드백을 기반으로 지속적으로 제품을 조정하여 서비스를 개선했을 뿐 아니라 이러한 노력들을 언론에 노출함으로써 고객 충성도를 구축했다.

■ 전략적 파트너십: 사례 기업들은 다른 회사 또는 조직과의 파트너십을 언론을 통해 적절하게 발표했다. 이러한 파트너십을 통해 새로운 시장과 고객 부문을 개척할 수 있었다.

■ 신규 시장의 언론 보도: 확장하려는 새로운 지리적 또는 인구통계학적 시장의 언론 매체에 기사를 통해 소개했다. 새로운 청중의 공감을 불러일으킬 수 있도록 메시지를 맞춤화하였다.

■ 커뮤니티 구축: 소셜 미디어 그룹, 포럼 또는 웹 세미나 호스팅을 통해 브랜드를 중심으로 커뮤니티를 조성했고 이러한 이벤트를 기사에 게재하였다.

이러한 사업화 단에 걸쳐 공통적인 부분은 결국 중요한 이정표가 있을 때마다 꾸준하게 정기 보도 자료를 통해 미디어를 최신 상태로 유지하는 것이었다. 이와 함께 다음의 온라인 매체와 오프라인 이벤트 활동을 다양한 조합으로 하여 통합적으로 마케팅하는 것이 중요하다.

■ 소셜 미디어 참여: 스타트업의 무대와 청중에 맞게 톤과 콘텐츠를 조정하여 적극적이고 매력적인 소셜 미디어 프로필을 유지하는 것

■ 모니터링 및 조정: 미디어 보도, 소셜 미디어 언급 및 고객 피드백을 지속적으로 모니터링하고, 해당 데이터를 기반으로 전략을 조정하는 것

■ 일관적인 브랜딩 및 메시지 전달: 모든 미디어 홍보 및 마케팅 활동이 스타트업의 브랜딩 및 핵심 메시지와 일치하는지 확인하는 것

■ SEO 및 온라인 존재감: SEO에 중점을 두고 강력한 온라인 존재감을 유지하여 잠재 고객 및 미디어에 대한 가시성을 보장하는 것

사업화 단계는 창업기업이 사업화 여정을 의미한다. 각 단계에서 미디어 마케팅 및 홍보를 효과적으로 활용하기 위해 체계적으로 접근하는 것이 필요하다.

각 단계에 맞게 창업기업의 언론마케팅 노력을 현재 목표 및 시장 위치에 맞춰 조정할 수 있다는 사실을 기억하자.

창업기업의 3가지 유형별 언론홍보의 활용사례

앞서 창업기업의 사업화 단계별로 언론홍보, 언론마케팅을 최적으로 활용하기 위한 구체적인 실행방안을 살펴보았다. 그런데, 모든 창업기업의 홍보전략이 동일한 것은 아니다. 적어도 스타트업, 소상공인, 1인 기업의 경우, 미디어 홍보 전략은 각각 서로 다른 고유한 특성에 맞게 홍보전략이 조정되어야 한다. 각각의 전략과 활용사례를 다음과 같이 정리하였다.

1) 스타트업(기술 및 혁신 중심)

스타트업은 기술과 혁신을 주로 다루는 언론 매체와 언론인을 염두해두고 홍보전략을 세운다. 기술이나 아이디어의 독창성과 잠재적 영향을 강조하는 비즈니스 스토리를 전달하기 때문이다.

예를 들어 기술 스타트업은 TechCrunch 또는 Wired와 같은 출판물을 대상으로 한다. 보도자료에 주장을 뒷받침하는 데이터나 사례 연구를 포함하여 어떠한 스타트업의 기술이 어떤 혁신적인 요소를 가지고 어떠한 성과를 만들어 왔는 지를 강조해야 한다.

예: AI 기반 의료 도구를 개발하는 스타트업은 환자 성공 사례나 향상된 진단 정확도를 보여주는 데이터를 공유할 수 있다.

언론기사와 함께 다양한 소셜 미디어 플랫폼을 함께 사용하여 업계 전문가 및 잠재 고객과 소통한다. 유익한 콘텐츠를 사용하여 최신 기술 동향이나 업계에 대한 통찰력에 대한 기사와 같이 스타트업의 전문 지식을 보여주는 것이 중요하다.

예를 들어 복잡한 기술을 간단한 용어로 설명하는 YouTube 시리즈를 제작하여 스타트업의 기술과 사업방식을 혁신을 선도하는 리더의 지위로 포지셔닝한다.

가전이나 IT 기반의 수많은 스타트업들이 CES 등 업계 행사에 정기적으로 참석하고 참여한다. 이때, 업계 전문가뿐만 아니라 더 많은 청중이 접근할 수 있는 방식으로 제품이나 아이디어를 선보일 준비를 하게 되므로 이러한 내용을 콘텐츠로 언론홍보에 활용할 수 있다.

언론에 부각시키기 위해서 더 많은 청중과 소통하기 위해 주요 업계 행사 중에 소셜 미디어에서 웹 세미나 또는 라이브 Q&A 세션을 주최하는 방안도 고려하기를 권장한다.

고객의 신뢰를 얻기 위해 스타트업이 언론을 통해 성공 사례 및 사용후기를 알리는 것이 매우 결정적인 역할을 한다. 신뢰할 수 있는 고객으로부터 제품 또는 서비스에 대한 평가를 수집하고 공유하는 것이 중요하다.

이러한 이야기는 웹사이트와 보도 자료에 소개되도록 해야 한다. 예를 들어, B2B 소프트웨어 스타트업은 자신의 제품이 고객의 효율성이나 수익을 어떻게 증가시켰는지를 인용문과 통계와 함께 보여줄 수 있다.

① 언론 홍보 사례연구 : 네이버주식회사 (기술혁신)

현재 한국의 대표적인 온라인 플랫폼의 하나인 네이버 주식회사는 기술혁신을 촉진하기 위해 미디어 마케팅을 활용한 스타트업의 모범 사례이다. 한국 최초의 웹 포털로 시작된 네이버는 네이버 검색 엔진을 개발하고 나중에는 인기 메시징 앱인 LINE을 개발하는 등 지속적인 혁신에 방점을 두고 발전해왔다.

미디어 마케팅 전략: 네이버는 자사의 기술 발전을 부각시키기 위해 다각적인 미디어 접근 방식을 활용했다. 여기에는 기술 발전에 대한 보도 자료, LINE 콘텐츠 제작자와의 전략적 파트너십, 소셜 미디어 플랫폼에서의 활발한 활동 등 온라인에서는 흥미로운 콘텐츠 제작과 검색 알고리즘 최적화를 이슈화 하여 홍보하였다. 오프라인에서도 주요 기술 이벤트 후원 및 세미나 개최를 통해 온라인 플랫폼에서 리더십의 지위를 구축했다.

중요한 기술 혁신을 꼽자면 다른 검색 엔진과 차별화되는 사용자 친화적인 인터페이스와 포괄적인 검색 결과를 제공하는 고유한 'Green Dot' 검색 알고리즘의 개발하여 이를 널리 알린 점일 것이다.

네이버는 기술 박람회 및 디지털 컨퍼런스 참여와 탄탄한 온라인 입지를 언론에 적절한 노출하고 이를 다시 기술 인플루언서와 블로거와의 제품 리뷰 및 토론과 연동 함으로써 혁신의 선두주자로 자리매김할 수 있었다.

네이버는 관련 기사들을 통해 기술 중심 출판물과 디지털 미디어 플랫폼에 정기적으로 등장하여 AI 및 클라우드 컴퓨팅과 같은 최첨단 서비스를 강조했다. 네이버는 "AI 혁명", "혁신적인 검색 솔루션", "혁신적인 사용자 인터페이스", "기술 개발의 새로운 경계", "대한민국 기술 리더"라는 단어를 홍보에 있어 핵심 키워드로 사용했다.

미디어 마케팅 결과: 주목할만한 캠페인 중 하나는 AI 기반 서비스의 도입으로, 기술 미디어에서 폭넓게 보도되었으며 해당 분기 내에 사용자 기반이 30% 증가시켰다. 네이버는 또한 글로벌 기술 엑스포에 적극적으로 참여하고 이를 홍보함으로써 해외 인지도를 증가시켰다.

② 언론 홍보 사례연구 : 카카오 비즈니스

미디어 마케팅 전략: 카카오비즈니스의 전략은 기본적으로 소셜 미디어, 이메일 마케팅, 카카오 자체 메시징 플랫폼을 활용한 디지털 마케팅의 비중이 높고, 오프라인에서는 다른 기술 기업과 비즈니스 세미나 및 협업에 활용해왔다.

초창기부터 서비스를 홍보하고 브랜드 인지도를 높이기 위하여 언론홍보와 광고 캠페인을 적절히 혼합하여 카카오톡의 다양한 기능을 강조했으며, 특히 모바일 커뮤니케이션과 생활 서비스 통합으로 인한 편의성을 이슈화하는 데 방점을 두었다.

이를 위해 정기적인 보도 자료를 통해 지속적인 혁신을 강조하고, 이모티콘에서 금융 서비스 통합에 이르기까지 앱의 다양한 기능을 홍보했다. 이와함께 기술 및 라이프스타일 미디어를 통해 카카오톡의 혁신을 널리 알렸으며, 사용자 경험을 중심으로 한 사례 연구를 발표하여 앱의 실용성을 강조했다. 카카오가 강조한 핵심키워드는 "모바일 커뮤니케이션 혁신", "일상을 통합하는 앱", "디지털 편의성의 선구자"이다.

미디어 마케팅 결과: 카카오톡의 금융 서비스 통합에 대한 이슈, AI 및 메시징 기술을 비즈니스 솔루션 등으로 일일 활성 사용자 수를 지속적으로 높이는 데 성공했으며, 사용자 친화적인 디자인은 언론홍보와 함께 기술 및 라이프스타일 미디어에서 광범위하게 다뤄졌다. 주요 비즈니스 간행물에 보도를 통해 B2B 파트너십을 모집하는 데도 효과를 보았다.

앱의 다양한 기능에 대한 브랜드 파트너십이 증가했으며, 이를 통해 다양한 비즈니스 분야에서 카카오의 영향력을 확장할 수 있다. 이렇듯, 카카오는 모바일 커뮤니케이션의 혁신을 통해 국내외에서 큰 주목을 받으며, 글로벌 시장에서도 경쟁력을 입증했다.

③ 언론 홍보 사례연구 : 당근 마켓

미디어 마케팅 전략: 당근마케팅은 풀뿌리 마케팅에 초점을 맞춰 사용자가 온라인으로 자신의 경험을 공유하고 지역 커뮤니티 이벤트를 통해 보완하도록 장려했다. 현지 언론 매체를 활용에 초점을 맞췄으며 사용자 경험의 성공 사례를 공유하였다.

커뮤니티 중심의 마켓플레이스로 포지셔닝한 창업기업 초창기부터 그들은 플랫폼의 효과를 설명하기 위해 지역 성공 사례를 강조했다. 또한, 더 넓은 범위에 도달하기 위해 지역 미디어와 온라인 플랫폼을 활용하고 프로모션을 위해 커뮤니티 인플루언서와 협력했다.

미디어 마케팅 결과: 전국 일간지의 주요 기사 이후 앱 다운로드가 50% 증가한 사례가 있다. 그들의 커뮤니티 중심 접근 방식은 미디어 기사에서 자주 강조하였으며, 주요 미디어 문구로 "커뮤니티 역량 강화", "지역 시장 혁신가" 등 지역성을 강조한 키워드가 다수였다. 이 플랫폼의 커뮤니티 중심 접근 방식은 지역 및 전국 미디어에서 광범위한 보도를 받으며 혁신적인 지역 거래 플랫폼으로서의 명성을 높였다.

2) 지역 소상공 창업 (지역 상권 및 생활밀착형 아이템 중심)

지역 소상공인들은 지역 신문, 라디오 방송국, 커뮤니티 블로그와 관계를 구축하는 것이 중요하다. 지역 발전에 기여하거나 지역 문제를 해결하는 등 지역사회에 공감할 수 있는 이야기를 공유하려는 특성이 있다.

이에 따라 사업이 지역사회에 미치는 영향에 초점을 맞춰 지역 언론의 관심을 끄는 스토리를 개발하는 것이 바람직하다. 이는 현지 공급업체를 지원하거나 현지 문제를 해결하는 것일 수 있다.

인근 농장에서 재료를 조달하는 지역 빵집은 이 이야기를 지역 음식 블로거나 지역 사회 잡지와 공유할 수 있다. 예를 들어 지역 스포츠 팀이나 자선 행사와 같은 지역 사회 행사에 참여하거나 후원하여 언론 보도를 받고 친선 관계를 구축하는 것이 가능하다. 수익금을 지역 학교에 기부하는 자선 빵 판매 행사를 조직하면서 지역 언론의 관심을 끌 수도 있을 것이다.

언론홍보와 연계하여 잠재 고객이 자신의 경험을 온라인으로 공유하도록 장려하고 리뷰를 남긴 사람들에게 인센티브를 제공하는 바이럴마케팅을 병행할 수 있을 것이다. 예를 들어 지역 카페에서는 소셜 미디어 게시물에 해당 카페를 태그하는 고객에게 다음 구매 시 할인을 제공하고 그 성과를 다시 기사 게재함으로써 시너지가 나도록 할 수 있다.

① 언론 홍보 사례연구 : BBQ 치킨 (BBQ Chicken)

프라이드 치킨 레스토랑 체인인 BBQ 치킨은 미디어 마케팅을 성공적으로 활용하여 지역 벤처에서 전국 프랜차이즈로 성장한 소상공인의 성공 사례에 해당한다.

미디어 마케팅 전략: BBQ치킨은 당초 경쟁이 치열한 국내 프라이드치킨 시장에서 차별화에 주력했다. 튀김에 올리브 오일을 사용하는 브랜드의 품질에 대한 약속은 마케팅의 주요 화두였다. 이에 따라 브랜드의 여정과 더 건강한 식품 옵션에 대한 약속에 대한 스토리텔링이 많이 사용되었다.

회사는 지역 언론 매체를 적절하게 활용하여 USP(Unique Selling Proposition), 더 건강하고 맛있는 프라이드치킨을 강조했다. 이는 푸드쇼, 요리잡지 등을 통해 올리브 오일을 활용한 독특한 조리 방식을 알리는 데 중점을 둔 전략이었다. 현지 음식 쇼, 요리 블로그, 커뮤니티 이벤트에 출연함으로써 BBQ Chicken은 강력한 현지 입지를 구축했다.

브랜드가 성장함에 따라 초기 프랜차이즈의 성공 사례를 활용하여 더 많은 가맹점을 유치할 수 있었고 국내 언론에서 이러한 이야기를 강조하여 BBQ 치킨의 성공 가능성을 한국 전역의 기업가들과 대중들에게 어필했으며, 새로운 매장과 전국 TV 광고를 홍보했다.

미디어 마케팅 결과: 올리브 오일 요리 방법을 특징으로 하는 주요 캠페인을 통해 프랜차이즈 문의가 증가하고 다음 분기 매출이 20% 이상 증가한 사례가 있다. 이 캠페인은 식품 및 기업가 잡지에서 널리 다루어졌으며, 핵심 미디어 문구는 "치킨 혁명을 이끄는 BBQ", "더 건강한 프라이드치킨", "혁신적인 조리 방법"에 초점을 맞추었다.

② 언론 홍보 사례연구
미용업계 창업기업인 글로우 레시피 (Glow Recipe)

미디어 마케팅 전략: 글로우 레시피는 디지털 중심의 마케팅 전략을 채택하여 소셜 미디어 플랫폼과 온라인 커뮤니티에 집중했다. 언론보도와 함께 인스타그램과 유튜브를 병행하여 브랜드 인지도를 높이고, 제품의 특징과 사용법을 소개했다. 오프라인에서는 뷰티 엑스포 참가 및 뷰티 인플루언서와의 협업을 통해 제품의 인기를 끌어올렸다.

특히, 천연 재료와 독특한 제형을 강조하는 홍보전략을 구사했다. 브랜드 스토리와 제품의 장점을 부각시키기 위해 뷰티 블로거 및 인플루언서와의 협업을 했고, 언론 홍보시에도 제품 리뷰와 데모 결과를 적절히 노출시켰다.

미디어 캠페인을 통해 제품의 가시적인 결과와 혜택을 강조했으며, 특히 자연스러운 피부관리와 뷰티 트렌드에 초점을 맞췄다. 핵심 미디어 문구는 "천연 뷰티의 혁신자", "스킨케어 혁명", "과일 파워로 빛나는 피부"이다.

미디어 마케팅 결과: 인플루언서와의 협업으로 온라인 판매가 크게 증가했으며, 브랜드 인지도도 상당히 향상되었다. 특히 인기 TV 프로그램 "샤크 탱크(Shark Tank)"에 출연한 후 이를 다시 언론보도에 퍼뜨리며 브랜드의 인기가 급상승하여 에피소드 방영 후 300%의 매출 증가를 기록했다.

이러한 미디어 전략은 글로우 레시피를 천연 성분을 기반으로 한 혁신적인 스킨케어 브랜드로 자리매김하는 데 도움이 되었으며, 이는 국내외 다양한 미디어에서 주목받는 계기가 되었다.

3) 1인 기업 (지식, 문화 창업 등 개인 브랜딩)

1인 기업은 타겟 고객의 공감을 불러일으키는 개인 브랜드를 개발하기 위하여 언론 홍보를 활용하는 것이 중요하다. 개인적인 이야기, 경험, 사업 시작 여정을 자연스럽게 언론에 노출하는 것이 필요하다.

예를 들어 프리랜서 그래픽 디자이너는 자신의 디자인 과정과 프로젝트 스토리를 언론에 노출하고 이를 다시 인스타나 유튜브로 바이럴 하여 팔로어와 개인적인 관계를 구축할 수 있다.

1인 기업의 언론보도 및 미디어 활용 마케팅은 몇가지 특징이 있다.

틈새 마케팅: 틈새 시장을 식별하고 타겟 청중에 맞게 콘텐츠를 조정하는 것이 유효하다. 예를 들어 산후 건강을 전문으로 하는 개인 피트니스 트레이너는 특정 온라인 커뮤니티나 포럼에서 산모들과 소통할 수 있다.

콘텐츠 제작: 타겟 청중에게 가치를 더하는 콘텐츠를 정기적으로 만들어 언론과 SNS에 공유한다.

비즈니스의 성격에 따라 교육적이거나 유익하거나 재미있게 구성할 수 있으나, 언론 보도의 경우에는 중립적인 특성을 유지해야 한다. 예를 들어 프리랜서를 위한 세무 컨설턴트는 언론에 칼럼 코너를 이용하여 세금 관련 팁과 법률 변경 사항을 논의하고 개인블로그나 팟캐스트를 운영하여 해당 분야의 전문가로 자리매김할 수 있다.

전략적 파트너십: 더 많은 청중에게 다가가거나 신뢰도를 높이는 데 도움이 될 수 있는 다른 비즈니스 또는 영향력 있는 사람들과 협력하는 것이 권장된다. 프리랜스 사진작가는 현지 웨딩 플래너와 협력하여 결혼식을 위한 번들 서비스를 제공할 수 있으며, 이러한 협업이 이슈가 되어 언론에 노출될 수 있다.

1인 기업의 언론 노출 때 고려해야 할 세 가지 공통 전략이 있다. 먼저, 진실성 및 투명성 확보가 중요하다. 정직하고 개방적인 의사소통 스타일을 유지하는 것이 관건이다. 언론매체를 통해 비즈니스 여정의 어려움과 성공 사례를 공유한다.

예를 들어 스타트업 CEO는 스타트업 운영의 최고점과 최저점에 대한 월간 블로그 게시물을 작성하여 비즈니스에 대한 비하인드 스토리를 제공할 수 있다.

일관적인 메시지를 송출하는 것이 중요하다. 보도자료와 소셜 미디어, 회사 블로그 등 모든 콘텐츠가 브랜드의 가치와 메시지를 일관되게 반영하는지 확인하는 것이 중요하다. 예를 들어 소규모 친환경 의류 브랜드는 모든 메시지와 콘텐츠에서 지속가능성을 지속적으로 강조해야 한다.

이와 함께 언론 매체의 모니터링 및 조정활동 역시 중요하다. 미디어에서 언급한 내용과 대중들의 피드백을 추적하고 이 정보를 사용하여 필요에 따라 전략과 메시지를 조정할 수 있다.

예를 들어 고객이 특정 기능이나 서비스에 대해 자주 묻는 경우 기업은 언론에 이슈 특집으로 관련 정보를 다루고 블로그 게시물이나 FAQ 업데이트를 통해 고객의 호응이 일어나도록 활용할 수 있다.

① 언론 홍보 사례연구 : 1인기업가 서경덕 교수

한국의 교수이자 컨설턴트, 문화 홍보자인 서경덕은 지식 서비스 산업에서 1인 기업의 성공 사례를 보여준다.

미디어 마케팅 전략: 서씨의 전략은 언론 매체를 통해 문화 홍보대사로 자리매김하고 한국 문화의 글로벌 홍보에 초점을 맞추는 것이었다. 그의 미디어 키워드는 "문화대사", "한국유산 홍보"였다. 그는 정기적으로 신문에 논평을 기고하고 TV 인터뷰와 토크쇼에 출연했다.

그는 대중 연설 행사에 참여하고 주요 신문에 사설을 썼으며 자신이 해당 분야의 전문가로 활약했다. 언론매체 뿐 아니라 트위터, 인스타그램 등 소셜미디어 플랫폼을 활용해 한국 문화와 역사에 대한 통찰, 이야기, 의견을 공유해 폭넓은 청중의 공감을 얻었다.

학술적인 배경을 가지고 있는 그는 동시에 대중적인 접근 방식을 통해 더 넓은 대중에게 역사와 문화를 알리는데 주력했다. 해외에서 공개 캠페인과 한국문화전시회를 시작함으로써 국내외 언론에 이슈메이킹이 되었다. 강조한 이슈는 한국 문화의 다양성과 역사적 가치였으며, 이를 통해 글로벌 문화 교류에 기여하였다.

실제로 서경덕 교수는 '대한민국 역사투어 프로젝트'와 같은 교육 및 문화 프로젝트를 진행하였으며, 이러한 프로젝트는 다양한 언론 매체를 통해 보도되어 대중에게 잘 알려졌다.

서경덕 교수의 홍보 및 언론 노출 전략은 그의 역사와 문화에 대한 깊은 애정과 전문성을 바탕으로 하며, 이는 그의 프로젝트가 대중들의 반향을 불러일으킬 수 있었던 요인으로 작용했다.

그의 전략은 교육적이면서도 대중적인 접근을 중시하며, 다양한 채널을 통해 그의 메시지를 효과적으로 전달되었다.

이러한 접근 방식은 그의 개인 브랜드를 향상시켰을 뿐만 아니라 문화 교육에도 기여했다. 이러한 서경덕의 접근 방식은 소셜 미디어를 통한 개인 브랜딩과 언론 노출, 대중 연설 참여를 혼합한 것이었다. 그는 더 넓은 범위와 영향력을 위해 자신의 통찰력과 오프라인 이벤트를 공유하기 위해 다양한 미디어 매체와 온라인 플랫폼을 활용했다.

미디어 마케팅 결과: 한국 문화 유적지를 세계적으로 홍보하려는 언론 상의 브랜딩된 그의 이미지는 그의 소셜 미디어 팔로어 수를 늘리고 글로벌 포럼에서 연설하도록 초대하는 등 국제적 인지도가 높아지는 데 도움이 되었다.

② 언론 홍보 사례연구 : 인플루언서 자청

자청은 어려운 환경에서 시작하여 자기계발을 통해 성공한 대한민국의 기업가이자 인플루언서이다. 그의 이야기는 가난과 어려움 속에서도 교육과 독서를 통해 자신의 삶을 변화시킨 모범적인 사례로 강조된다. 자청은 독서와 글쓰기를 통해 자신의 인생을 개척하고, 유튜브 채널 '라이프해커 자청'을 통해 인생 공략집과 같은 콘텐츠를 제공하며 큰 성공을 거두었다.

미디어 마케팅 방향: 라이프스타일 인플루언서 자청은 인스타그램과 유튜브를 활용해 디지털 마케팅을 진행했으며, 라이프스타일 매거진 출연, 라이프스타일 브랜드와의 콜라보레이션도 진행했다.

언론에도 이러한 콜라보레이션 경험이 자연스럽게 노출되었고, 자청 자신의 경험과 지식을 바탕으로 유용한 인생 조언을 제공하는 온라인 콘텐츠를 제작하였다.

이를 통해, 그는 라이프해킹, 성공, 자기계발 등 다양한 주제로 대중과 소통했다. "라이프스타일 전문가", "진정한 콘텐츠 제작자"가 그를 대변하는 미디어 키워드이다.

실제 미디어 노출 사례로 자청은 유튜브 채널과 서적을 통해 광범위한 독자 및 시청자층에게 영향력을 발휘하였다. 그의 콘텐츠는 특히 자기계발과 성공에 관심 있는 이들에게 큰 호응을 얻었으며, 그 결과를 언론에 노출하면서 자연스럽게 선순환의 긍정적 효과를 이끌어 낼 수 있었다. 그의 이야기는 많은 사람들에게 영감을 주었고, 자기계발의 중요성을 강조하는 데 큰 역할을 했다.

또한, 자청은 KBS 뉴스와의 인터뷰에서 그의 인생 변화에 대한 이야기를 공유했다. 이 인터뷰에서 그는 오타쿠에서 '무자본 연쇄창업마'로서 자신의 인생을 180도 바꿔놓은 경험을 공유했다. 이러한 내용은 그의 유튜브 채널과 연계되어 그의 경험과 지식을 바탕으로 한 인생 조언이 강조되었다.

미디어마케팅 결과: 정통 라이프스타일 콘텐츠를 공유하려는 전략은 여러 라이프스타일 잡지에 특집으로 실리게 되었고, 그 결과 1년 만에 팔로워 수가 폭증했다. 브랜드 제휴 문의도 두 배로 늘었다.

신문 기사에서는 자청이 어려운 환경에서 벗어나 경제적 자유와 행복을 얻기까지의 여정을 상세히 다루었다. 10대 시절부터 시작된 그의 삶의 변화는 200여 권의 책을 독파하고 그 안에서 얻은 인생의 '치트키'를 활용하여 창업에 성공하는 이야기를 포함하였다. 그는 이러한 자신의 경험을 바탕으로 책 "역행자"를 출간하여 큰 인기를 얻었다.

이러한 언론 홍보 및 노출 전략은 1인 기업창업을 통해 자신의 개인적인 스토리와 경험을 공유함으로써 대중과의 강력한 연결고리를 형성하는 데 중점을 두었음을 보여준다.

창업가를 위한 언론홍보의 최적 활용 포인트

지금까지 알아본 창업기업을 위한 언론 마케팅을 통해 창업기업이 직면한 고유한 과제를 해결하기 위해 효과적인 미디어 마케팅 및 홍보를 하는 것이 매우 중요하다는 사실을 알아 보았다.

여기서는 창업하는 과정에서 일반적으로 직면하는 주요 상황이나 문제를 파악하고, 해당 상황 속에서 언론홍보를 최적으로 활용하기 위한 구체적인 대응 방안을 다음과 같이 정리하였다.

① 기업 및 사업 아이템에 대한 낮은 인지도

창업기업의 상황: 창업기업은 브랜드 인지도와 제품 또는 서비스 인지도에 어려움을 겪는 경우가 많다.

대응 방안: 먼저 대응가능한 부분은 언론 기사 노출과 관련된 콘텐츠 마케팅을 병행하는 것이다. 여기서, 콘텐츠 마케팅이란 제품/서비스의 독창성과 이점을 강조하는 유익하고 매력적인 콘텐츠를 개발하는 것을 말한다.

언론기사에 화젯거리로 부각한 콘텐츠에 대한 설명을 바탕으로 블로그, 팟캐스트, 소셜 미디어와 같은 플랫폼을 활용하여 잠재고객에게 타겟팅한 보다 상세한 콘텐츠를 배포하는 전략을 실행하는 것이 가능하다.

이때 업계와 관련된 커뮤니티 이벤트, 온라인 포럼, 소셜 미디어 그룹에 적극적으로 참여하여 콘텐츠에 대한 피드백을 듣고 관련된 창업아이템의 이미지를 잠재고객들과 이해관계자들에게 각인시키는 활동을 연계할 수 있다. 이러한 활동을 다시 언론에 노출시킴으로써 기존 브랜드 또는 영향력 있는 사람들과 협력하여 청중을 활용하고 가시성을 높임으로써 선순환 구조의 창출이 가능하다.

이 모든 활동은 강력한 브랜드 스토리 개발에 초점을 맞추어야 한다. 창업기업의 사명, 비전, 제품/서비스의 독창성을 요약하는 내러티브를 콘텐츠로 기획하여야 론런할 수 있다. 언론 홍보시에는 부풀리지 않은 사실 중심의 객관적인 정보를 제공하고 다양 온라인 플랫폼에서 보다 풍부한 이야기를 공유하는 것이 좋다.

청중들과 웹 세미나 또는 실시간 대화형 Q&A 세션 주최을 통해 청중과

정기적으로 소통하는 것이 필요하며, 언론기사 노출시에 공유 가능한 사실에 입각한 인포그래픽을 만들어 정보성 기사로 노출하는 활동이 필요하다. 소셜 미디어에서 쉽게 공유할 수 있는 제품/서비스를 설명하는 시각적으로 매력적인 인포그래픽은 대부분 보도자료에서도 유효하다.

② 기존 기업 대비 높은 사업 리스크

창업기업의 상황: 창업기업의 비즈니스는 입증되지 않은 가설, 모델이나 테스트되지 않은 기술에 의존하기 때문에 태생적으로 리스크를 안고 시작한다.

대응 방안: 언론 홍보를 활용하여 과제와 해결 방법을 포함하여 여정에 대해 투명하게 설명하는 것이 권장된다. 브랜드를 인간미 있게 표현하고 신뢰를 구축하는 스토리를 제시하고 필요시 고객 사용후기 및 성공 사례를 활용하여 신뢰성과 효과를 입증합니다.

연설, 웹 세미나, 출판된 기사를 병행하여 창업자와 주요 팀 구성원을 해당 분야의 전문가로 인식시키는 활동도 중요하며, 귀하의 제품이 새로운 연구 또는 기술을 기반으로 하는 경우, 협회 및 언론사 등과 협업하여 연구 결과와 제품의 효능을 자세히 설명하는 백서를 출판하는 것도 좋은 대안이다.

창업기업이 위험을 줄이는 가장 좋은 방법은 무료 평가판 또는 데모 제공으로 인해 제품/서비스에 대해 인지된 위험을 줄이고 개선사항을 반영하는 것이다. 여기서 나온 피드백을 보다 효과적으로 반영하여 알리기 위해 교육 워크숍 주최를 연계하는 것도 권장된다. 제품이나 서비스를 선보일 뿐만 아니라 청중에게 업계에 대해 교육하는 워크숍이나 세미나를 진행하고 이를 다시 언론기사에 노출하는 것은 매우 유효한 전략이 될 수 있다.

③ 자본 및 미디어 네트워크 부족으로 인한 낮은 미디어 접근성

창업기업의 상황: 주류 미디어 채널에 액세스할 수 있는 리소스와 연결이 부족한 경우가 대부분이다.

대응 방안: 창업기업과 창업아이템의 이야기에 더 쉽게 접근하고 관심을 가질 수 있는 소규모 틈새 언론 매체 및 블로거와 관계를 구축하는 것이 필요하다. 스타트업 전문 언론매체, 지역매체나 온라인 중심의 바이럴이 쉽게 되는 매체를 찾는 것도 좋겠다. 온라인 보도자료 서비스를 이용하면 상대적으로 저렴한 비용으로 뉴스를 널리 배포할 수 있다.

이를 위하여 미디어 목록 작성: 귀하의 업계를 다루는 소규모 틈새 언론 매체 및 언론인 목록을 조사하고 작성하는 것을 권장한다. 이와 함께 맞춤형 스토리의 효과적인 노출로 통해 관계 구축을 시작해 보세요. 기자가 자신의 기사에 대한 출처를 찾는 요청에 정기적으로 응답하는 것도 중요한 활동이다.

회사, 창업자, 고품질 이미지 및 연락처 정보에 대한 정보가 포함된 디지털 프레스 키트를 개발하는 것도 권장된다. 이 키트를 귀하의 웹사이트에서 쉽게 접근할 수 있도록 하는 것이 바람직하다.

이상의 보도된 내용을 무료 소셜 미디어 플랫폼을 활용하여 자연스럽게 바이럴시키고 팔로어를 구축하고 청중과 직접 소통하는 노력을 병행할 필요가 있다.

④ 마케팅 및 홍보를 위한 제한된 예산

창업기업의 상황: 부족한 예산으로 인해 광범위한 마케팅 캠페인을 실행하기 어려운 경우가 많다.

대응 방안: 바이럴 소셜 미디어 챌린지나 팝업 이벤트 등 화제를 불러일으킬 수 있는 저비용의 창의적인 마케팅 전략을 구현한다. 기사는 이러한 마케팅의 경과를 잘 요약하여 이슈화 시킴으로써 자연스럽게 언론에 노출되는 것이 최상이다.

노출된 기사 내용을 이메일 마케팅을 통해 잠재고객에게 노출시키는 것도 방안이다. 이메일 목록을 작성하고 이를 사용하여 비용 효율적인 방식으로 청중과 정기적으로 소통하는 것이 필요하다.

언론기사에 보도할 내용으로 바람직한 이슈를 만들기 위해서는 다른 기업과의 물물교환 서비스를 탐색하거나 상호 이익이 되는 파트너십을 형성하여 마케팅 비용을 공유하는 활동, 소셜 미디어 챌린지 또는 콘테스트를 통해 사용자 참여와 공유를 장려하는 것, 업계 모임에서의 네트워크를 통해 입소문 홍보를 위한 분위기를 형성하는 것, 신규 고객 유치에 대해 기존 고객에게 보상하는 추천 프로그램을 만드는 것 등이 권장된다.

⑤ **급격한 시장과 기술 변화**

창업기업의 상황: 기술 및 혁신 분야의 스타트업은 빠르게 발전하는 시장 동향과 기술을 따라잡아야 하는 경우가 많다.

대응 방안: 업계 동향을 면밀히 모니터링하고 관련성을 유지하기 위해 신속하게 마케팅 전략을 전환할 준비를 하는 것이 필요하다. 언론에 최신 혁신과 현재 시장 요구 사항을 해결하는 방법에 대해 청중에게 정기적으로

업데이트한다면 자연스럽게 혁신기업의 브랜드이미지를 강조할 수 있다.

이와 함께 청중에게 새로운 기술과 시장변화에 대해 교육하는 콘텐츠를 제공하는 것도 창업기업이 해당 분야의 지식이 풍부한 리더로 자리매김하게 하는 좋은 방안이다.

이를 위해서 평상시에 관련 키워드에 대한 Google 알리미를 설정하여 업계 동향과 뉴스를 모니터링하는 것도 좋으며, 사용자 피드백을 위해 제품의 프로토타입 또는 베타 버전을 신속하게 개발하고 시장 변화에 적응하는 노력이 필요하다.

언론에 보도된 콘텐츠를 효과적으로 활용하기 위해서는 최신 업계 동향과 뉴스를 요약한 콘텐츠를 만들고 뉴스레터나 블로그 게시물을 통해 공유하는 것이 바람직하다.

⑥ 신뢰성과 신뢰 구축의 필요성

창업기업의 상황: 신규 진입자로서 대상 고객과 지속적인 신뢰를 쌓아야 하는 경우가 많다.

대응 방안: 업계 전문가의 보증을 구하거나 귀하의 비즈니스를 검증하는 인증을 획득하는 것이 필요하다. 리뷰, 사용후기 등 사회적 증거가 되는 사용자 생성 콘텐츠(UCG)를 장려하고 공유하는 것도 권장된다. 이때 언론 기사는 신뢰성을 높이는 좋은 수단이 된다. 기사를 통해 비하인드 스토리와 회사 업데이트를 정기적으로 공유하여 신뢰와 투명성을 구축할 수 있다.

이러한 맞춤형 대응 계획을 실행함으로써 스타트업은 제한된 자원으로도 미디어 마케팅 및 홍보 문제를 효과적으로 해결할 수 있다. 신뢰 구축, 비용 효율적인 채널 활용, 시장 변화에 민첩하게 대응하는 데 중점을 두어야 한다.

기사에서 정보성 자료로 돋보이게 하려면 업계 인증, 수상 또는 표창을 웹사이트 및 마케팅 자료에 눈에 띄게 표시하는 것이 중요하다. 제품/서비스의 영향을 강조하는 상세한 고객 성공 사례 또는 사례 연구를 정기적으로 게시하고 회사의 진행 상황, 과제 및 이정표에 대한 정기 보고 내용을 요약하고 업데이트하는 활동도 창업기업에 대한 신뢰성을 높일 수 있다.

이상의 내용을 실행함으로써 창업기업이 직면한 과제에 대하여 언론매체와 다른 미디어를 효과적, 효율적으로 활용하는 것이 가능하다. 대기업 대비 매우 제한된 자원을 가지고 있는 창업기업에게 언론마케팅은 전략적인 선택의 결과여야만 한다.

유양석 기자

　디지털 세상의 새로운 가능성을 열어가는 구글활용 전문 강사이자, 챗GPT 전문강사로도 활동하고 있는 AI 아티스트이다. 다양한 디지털 기술과 콘텐츠 제작 분야에서 탁월한 능력을 발휘하며, 교육과 강연을 통해 많은 사람들에게 AI창작의 영감을 주고 있다. 한국미디어창업뉴스 2024년 신인기자상을 수상하고 현재까지 활발히 취재기자로 활동중이다.

- 한국미디어창업뉴스 신인기자상 수상
- 인공지능콘텐츠 강사
- 구글웍스활용 전문가
- 디지털아티스트 그림동화작가

광고하지 말고 언론하라!

세상을 움직이는 마케팅,
언론이 답이다.

Part 6

디지털 시대의 언론법,
온라인 명예훼손과 초상권

CONTENTS

디지털 시대의 언론과 법 _____ 160

온라인 명예훼손의 법적 이해 _____ 162

초상권 침해와 법적 보호 방법 _____ 165

법적 대응과 예방 전략 _____ 168

디지털 시대는 우리의 일상과 사회 구조를 근본적으로 변화시키고 있다. 인터넷과 소셜 미디어의 확산은 정보의 생산과 소비 방식을 혁신적으로 바꾸어 놓았다.

누구나 스마트폰을 통해 언제 어디서나 뉴스를 접하고, 자신의 의견을 표현하며, 정보를 공유할 수 있는 시대에 살고 있다. 이러한 변화는 언론의 자유를 확대하는 동시에, 그에 따른 법적 문제를 새롭게 조명하게 만들었다.

인터넷 공간에서는 명예훼손, 초상권 침해 등 다양한 형태의 법적 문제가 발생할 수 있다. 과거에는 쉽게 접할 수 없었던 정보가 이제는 순식간에 확산되며, 그로 인한 피해도 기하급수적으로 늘어날 수 있다. 허위 정보가 사실처럼 퍼지고, 개인의 사생활이 무분별하게 노출되며, 초상권이 침해되는 등의 문제는 디지털 시대의 부작용 중 하나이다.

이 책은 디지털 시대에 발생하는 언론과 관련된 법적 이슈를 다룬다. 디지털 미디어의 특징과 그에 따른 법적 규제, 온라인 명예훼손과 초상권 침해의 사례와 법적 대응 방법을 체계적으로 정리하였다.

독자들이 디지털 시대의 언론 환경에서 발생할 수 있는 법적 문제를 이해하고, 적절히 대응할 수 있도록 돕기 위해 다양한 실제 사례를 통해 구체적인 해결 방안을 제시하고자 한다.

디지털 환경에서의 언론 활동은 그 어느 때보다도 자유롭고 창의적일 수 있지만, 동시에 법적 책임과 윤리적 고려도 중요하다. 이 책을 통해 독자들은 디지털 시대의 언론과 법의 상호작용을 깊이 이해하고, 건전하고 책임 있는 정보 공유와 표현 활동을 할 수 있는 기반을 마련할 수 있을 것이다. 디지털 시대의 언론법에 대한 이해와 적절한 대응 전략은 모두가 주목해야 할 중요한 과제이다. 이 책이 독자들에게 그 길잡이가 되기를 기대한다.

디지털 시대의 언론과 법

디지털 시대의 도래는 언론 환경에 큰 변화를 가져왔다. 인터넷과 스마트폰의 보급으로 누구나 언제 어디서나 정보를 생산하고 소비할 수 있는 환경이 조성되었다. 이에 따라 언론의 개념과 법적 규제도 새롭게 정의될 필요가 있다.

디지털 미디어는 전통적인 미디어와 여러 면에서 차별화된다. 가장 큰 특징은 시간과 공간의 제약이 거의 없다는 것이다. 인터넷을 통해 실시간으로 정보가 전달되며, 전 세계로 확산된다. 이러한 특성 덕분에 뉴스는 신속하게 전달되고, 정보 접근성이 크게 향상되었다.

또한, 디지털 미디어는 쌍방향 소통을 가능하게 한다. 전통 미디어에서는 정보가 일방적으로 전달되지만, 디지털 미디어에서는 사용자가 정보의 수용자이자 생산자가 될 수 있다. 소셜 미디어 플랫폼에서 사용자는 자신의 의견을 게시하고, 타인의 의견을 쉽게 접할 수 있다.

디지털 미디어는 비용 면에서도 효율적이다. 전통적인 신문이나 방송은 많은 자본과 인력이 필요하지만, 디지털 플랫폼은 상대적으로 적은 비용으로 운영할 수 있다. 이러한 특징들은 디지털 미디어의 빠른 확산을 뒷받침한다.

디지털 시대에도 언론의 자유는 중요한 기본권이다. 그러나 정보의 무분별한 확산은 사회적 혼란을 초래할 수 있으며, 이에 대한 규제의 필요성도 대두되고 있다. 디지털 미디어에 대한 법적 규제는 언론의 자유와 공공의 이익을 균형 있게 고려해야 한다.

유럽연합(EU)은 GDPR(일반 데이터 보호 규정)을 통해 사용자 데이터 보호와 프라이버시를 강화하고 있다. 이는 디지털 미디어 운영자에게도 큰 영향을 미친다.

미국에서는 표현의 자유를 최대한 보장하지만, 허위 정보에 대한 법적 책임도 묻는다. 2016년 미국 대선 기간 동안 페이스북에서 가짜 뉴스가 확산되었고, 이후 페이스북은 가짜 뉴스와 허위 정보를 차단하기 위한 정책을 강화했다. 한국에서는 인터넷 실명제를 도입하여 온라인상의 익명성을 제한하고, 명예훼손 및 허위 정보에 대한 처벌을 강화하고 있다. 이는 디지털 미디어 환경에서의 법적 규제를 통해 공공의 이익을 보호하려는 시도이다.

디지털 미디어 관련 법제도는 국가마다 다르다. 미국은 표현의 자유를 최대한 보장하면서도, 허위 정보에 대한 책임을 묻는 법적 장치를 마련하고 있다. 명예훼손이나 허위 사실 유포에 대해 강력한 처벌 규정을 두고 있다. 이는 언론의 자유를 보호하면서도, 정보의 신뢰성을 유지하기 위한 방안이다.

중국은 강력한 인터넷 검열을 통해 디지털 미디어를 통제하고 있다. 이는 정부의 정치적 안정과 연관되어 있으며, 디지털 미디어의 자유로운 활동을 제한하는 데 중점을 둔다. 한국은 인터넷 실명제를 통해 온라인상의 익명성을 제한하고, 디지털 미디어의 책임성을 강화하고 있다. 이는 허위 정보와 명예훼손을 방지하기 위한 조치로, 디지털 미디어 환경에서의 법적 규제의 일환이다.

디지털 시대의 언론은 빠르게 변화하고 있다. 디지털 미디어의 특징과 법적 이슈를 이해하는 것은 언론인들에게 필수적이다. 디지털 미디어는 시간과 공간의 제약이 없고, 쌍방향 소통이 가능하며, 비용 효율적이다.

그러나 정보의 무분별한 확산은 사회적 혼란을 초래할 수 있어 법적 규제의 필요성도 커지고 있다. 각국의 디지털 미디어 관련 법제도는 다양하며, 이는 각국의 사회적, 정치적 상황에 따라 다르게 나타난다. 디지털 시대의 언론과 법의 상호작용을 이해하는 것은 현대 언론인들에게 중요한 과제이다.

온라인 명예훼손의 법적 이해

온라인 명예훼손은 디지털 시대에 중요한 법적 문제이다. 이는 개인이나 단체의 명성을 훼손하는 정보가 인터넷을 통해 퍼질 때 발생한다. 온라인 명예훼손은 개인의 사회적 평판과 정신적 건강에 심각한 영향을 미칠 수 있다.

명예훼손은 사실이나 허위 사실을 유포하여 타인의 명예를 훼손하는 행위이다. 온라인에서의 명예훼손은 블로그, 소셜 미디어, 인터넷 게시판 등을 통해 발생한다. 유명인에 대한 허위 소문이 트위터에서 퍼질 경우, 이는 해당 유명인의 명예를 심각하게 훼손할 수 있다.

디지털 시대에는 정보가 빠르게 확산되기 때문에 명예훼손의 피해가 더욱 크다. 한 번 퍼진 정보는 완전히 삭제하기 어려우며, 피해자의 사회적, 경제적 손실이 클 수 있다. 온라인에서 퍼진 악성 댓글이나 허위 정보는 피해자의 직장 생활, 인간관계, 심지어 정신 건강에도 큰 영향을 미친다.

한 연예인이 온라인 커뮤니티에서 허위 루머에 휘말린 사례가 있다. 이루머가 빠르게 확산되면서 해당 연예인은 이미지 손상, 광고 계약 해지, 정신적 스트레스를 겪게 된다. 이러한 사례는 온라인 명예훼손의 심각성을 잘 보여준다.

온라인 명예훼손은 여러 형태로 나타날 수 있다. 각 유형은 법적 대응 방법이 다를 수 있으므로 명확한 이해가 필요하다. 일반적으로 사실 적시 명예훼손과 허위 사실 적시 명예훼손으로 구분된다. 사실 적시 명예훼손은 사실을 유포하여 타인의 명예를 훼손하는 행위이다. 어떤 사람이 실제로 법적 문제에 연루되었다는 사실을 온라인에 퍼뜨리는 경우, 이는 사실이더라도 명예를 훼손할 수 있다. 허위 사실 적시 명예훼손은 거짓 정보를 유포하여 타인의 명예를 훼손하는 행위이다.

사실이 아닌 범죄 혐의를 퍼뜨리는 경우, 이는 명백한 허위 정보로 피해자의 명예를 훼손한다. 비방 목적의 명예훼손은 특정 개인이나 단체를 비방하기 위한 목적으로 명예를 훼손하는 경우이다. 이는 악의적인 의도로 이루어지며, 피해가 심각할 수 있다.

온라인 명예훼손은 각국의 법률에 따라 처벌된다. 법적 기준을 이해하는 것은 피해를 입은 사람들이 적절히 대응하는 데 중요하다. 한국은 정보통신망 이용촉진 및 정보보호 등에 관한 법률에 따라 온라인 명예훼손을 처벌한다. 사실 적시 명예훼손은 3년 이하의 징역 또는 3천만 원 이하의 벌금에 처하며, 허위 사실 적시 명예훼손은 7년 이하의 징역 또는 5천만 원 이하의 벌금에 처한다.

인터넷 게시판에 사실을 적시하여 타인의 명예를 훼손한 경우, 해당 게시물의 내용이 사실이라도 법적 처벌을 받을 수 있다. 미국은 표현의 자유를 보장하지만, 명예훼손에 대한 민사 소송을 허용한다. 피해자는 손해 배상을 청구할 수 있으며, 공적인 인물과 사적인 인물에 따라 법적 기준이 다르다. 공적인 인물은 명예훼손 소송에서 '악의적인 의도'를 입증해야 하지만, 사적인 인물은 명예훼손이 사실이 아니었음을 증명하면 된다.

유럽연합은 각국의 법률에 따라 명예훼손을 규제하며, GDPR을 통해 개인정보 보호를 강화하고 있다. 이는 명예훼손 피해자의 권리를 보호하는 데 기여한다. 유럽연합의 GDPR 규정에 따라, 개인의 명예를 훼손하는 정보가 온라인에 유포될 경우, 피해자는 해당 정보를 삭제하고, 법적 조치를 취할 수 있다.

온라인 명예훼손 피해를 입었을 때, 법적 대응 방법을 아는 것은 중요하다. 피해자는 명예훼손을 중지시키고, 손해 배상을 청구할 수 있다. 먼저, 명예훼손의 증거를 수집해야 한다. 이는 스크린샷, URL, 게시물의 날짜와 시간을 포함한다.

증거는 법적 절차에서 중요한 역할을 한다. 피해자는 악성 댓글이나 허위 정보를 스크린샷으로 저장하고, 해당 게시물의 URL을 기록해야 한다. 변호사와 상담하여 법적 대응 방안을 논의한다.

변호사는 피해자의 권리를 보호하고, 적절한 법적 절차를 안내한다. 변호사는 피해자가 명예훼손 소송을 제기하는 데 필요한 법적 절차와 증거 수집 방법을 설명해준다. 법원에 소송을 제기한다. 이는 민사 소송과 형사 소송으로 나뉘며, 피해자는 손해 배상을 청구할 수 있다.

피해자는 민사 소송을 통해 명예훼손으로 인한 경제적 손실과 정신적 고통에 대한 배상을 청구할 수 있다. 소셜 미디어나 게시판 운영자에게 명예훼손 게시물을 신고하고, 삭제를 요청한다. 이는 빠른 대응 방법 중 하나이다. 페이스북이나 트위터와 같은 플랫폼에서는 사용자가 명예훼손 게시물을 신고하면, 해당 게시물을 검토하고 삭제할 수 있다.

명예훼손을 예방하는 것은 중요하다. 예방 전략을 통해 피해를 최소화할 수 있다. 온라인에서 개인 정보를 신중히 관리해야 한다. 불필요한 정보 공개는 명예훼손의 표적이 될 수 있다. 개인적인 정보나 사진을 과도하게 공개하지 않는 것이 중요하다. 계정 보안을 강화하기 위해 강력한 비밀번호를 사용하고, 정기적으로 변경한다.

이는 해킹이나 계정 도용을 방지하는 데 도움이 된다. 비밀번호를 숫자, 대문자, 특수문자를 포함하여 복잡하게 설정하고, 주기적으로 변경한다. 사이버 윤리 교육을 통해 온라인에서의 윤리적 행동에 대해 교육하고, 명예훼손의 심각성을 알린다. 학교나 직장에서 사이버 윤리 교육을 통해 학생이나 직원들에게 온라인에서의 책임 있는 행동을 가르친다. 명예훼손 관련 법적 지식을 습득하여, 필요시 적절히 대응할 수 있도록 한다.

초상권 침해와 법적 보호 방법

초상권은 개인의 얼굴이나 신체 이미지를 보호하는 권리이다. 이는 디지털 시대에 더욱 중요해지고 있다. 초상권은 개인의 얼굴, 신체 이미지가 무단으로 사용되지 않을 권리이다. 이는 사생활 보호와 인격권의 일환이다.

디지털 시대에는 초상권 침해 사례가 증가하고 있다. 초상권은 개인의 얼굴, 신체 이미지를 보호하는 법적 권리이다. 이는 개인이 자신의 이미지를 타인이 무단으로 사용하지 못하도록 하는 권리이다. 동의 없이 타인의 사진을 온라인에 게시하는 것은 초상권 침해에 해당한다.

디지털 시대에는 사진과 영상이 쉽게 공유되고 퍼질 수 있다. 이는 개인의 초상권 침해를 더 빈번하게 만든다. 소셜 미디어에서 타인의 사진을 무단으로 사용하거나 상업적으로 이용하는 사례가 많아지고 있다.

유명인의 사진이 허가 없이 광고에 사용되면 이는 명백한 초상권 침해이다. 이러한 경우 해당 유명인은 법적 조치를 통해 권리를 보호할 수 있다. 한 유명 가수의 얼굴이 동의 없이 화장품 광고에 사용된 사례가 있다. 이 가수는 광고 회사에 법적 소송을 제기하여 손해 배상을 청구했다.

초상권 침해는 여러 가지 형태로 나타날 수 있다. 각 유형에 따라 법적 대응 방법도 다르다. 일반적으로 상업적 사용과 비상업적 사용으로 구분할 수 있다. 상업적 사용은 개인의 초상을 상업적으로 사용하는 경우이다. 동의 없이 타인의 사진을 광고나 상품 패키지에 사용하는 경우, 이는 해당 인물의 동의를 받지 않았기 때문에 초상권 침해에 해당한다.

한 모델의 사진이 동의 없이 쇼핑몰 광고에 사용된 경우, 모델은 법적 소송을 통해 손해 배상을 청구할 수 있다. 비상업적 사용은 개인의 초상을 비상업적으로 사용하는 경우이다. 타인의 사진을 허락 없이 소셜 미디어에 게시하는 경우, 이는 비상업적이라도 개인의 권리를 침해할 수 있다. 친구의 동의 없이 그 친구의 사진을 페이스북에 게시한 경우, 이는 초상권 침해에 해당할 수 있다.

의도적 침해는 명백한 침해 의도를 가지고 행해진 것이고, 무의도적 침해는 침해 의도 없이 이루어진 경우이다. 상업적 이득을 위해 타인의 사진을 의도적으로 사용하는 경우가 의도적 침해에 해당한다. 반면, 가족 행사 사진을 무심코 공개한 경우 무의도적 침해가 될 수 있다.

초상권 침해를 당했을 때, 법적 보호 방법을 아는 것은 중요하다.

법적 절차를 통해 자신의 권리를 보호할 수 있다. 먼저, 초상권 침해 여부를 확인해야 한다. 이는 해당 이미지가 동의 없이 사용되었는지, 상업적 이득이 있었는지 등을 검토하는 과정이다. 광고에 자신의 사진이 무단으로 사용되었다면 이는 초상권 침해이다. 이러한 침해 확인은 변호사와 상담하여 법적 검토를 받을 수 있다. 초상권 침해의 증거를 수집한다.

이는 무단 사용된 사진, 광고 자료, 관련 웹사이트 링크 등을 포함한다. 증거는 법적 절차에서 중요한 역할을 한다. 무단 사용된 사진의 스크린샷과 해당 광고 자료를 보관해야 한다.

이는 법원에서의 소송 절차에서 결정적인 역할을 할 수 있다. 변호사와 상담하여 법적 대응 방안을 논의한다. 변호사는 피해자의 권리를 보호하고, 적절한 법적 절차를 안내한다. 변호사는 피해자가 초상권 침해에 대해 소송을 제기하는 데 필요한 법적 절차와 증거 수집 방법을 설명해준다.

변호사의 자문을 통해 피해자는 적절한 법적 조치를 취할 수 있다. 법원에 소송을 제기한다. 이는 민사 소송과 형사 소송으로 나뉘며, 피해자는 손해 배상을 청구할 수 있다.

피해자는 민사 소송을 통해 초상권 침해로 인한 경제적 손실과 정신적 고통에 대한 배상을 청구할 수 있다. 형사 소송을 통해서는 침해자에 대한 형사 처벌을 요구할 수 있다. 소송 전에 합의를 시도할 수도 있다. 이는 시간과 비용을 절약하는 방법이다.

피해자는 초상권을 침해한 당사자와 합의를 통해 문제를 해결할 수 있다. 합의를 통해 빠른 해결을 원할 경우, 적절한 배상과 사과를 받을 수 있다. 합의 과정에서는 변호사의 도움을 받아 합의 조건을 명확히 하고, 합의서에 서명한다. 합의는 소송보다 빠르고 간단하게 문제를 해결할 수 있는 방법이지만, 피해자의 권리가 충분히 보호되는지 확인해야 한다.

초상권 침해를 예방하는 것은 중요하다. 예방 전략을 통해 피해를 최소화할 수 있다. 타인의 사진을 사용할 때는 반드시 사전 동의를 받아야 한다. 이는 상업적 용도뿐만 아니라 비상업적 용도에서도 중요하다. 친구의 사진을 소셜 미디어에 게시할 때도 동의를 구하는 것이 좋다. 상업적 광고나 프로모션에서도 모델의 서면 동의를 받는 것이 필수적이다.

온라인에서 개인 정보를 신중히 관리해야 한다. 불필요한 정보 공개는 초상권 침해의 표적이 될 수 있다. 자신의 사진을 과도하게 공개하지 않는 것이 중요하다. 소셜 미디어에서 프라이버시 설정을 철저히 하고, 공개 범위를 제한하는 것이 좋다.

계정 보안을 강화하기 위해 강력한 비밀번호를 사용하고, 정기적으로 변경한다. 이는 해킹이나 계정 도용을 방지하는 데 도움이 된다. 비밀번호를 숫자, 대문자, 특수문자를 포함하여 복잡하게 설정하고, 주기적으로 변경한다. 또한, 이중 인증을 설정하여 보안을 강화할 수 있다.

온라인에서의 윤리적 행동에 대해 교육하고, 초상권 침해의 심각성을 알린다. 이는 예방의 중요한 부분이다. 학교나 직장에서 사이버 윤리 교육을 통해 학생이나 직원들에게 온라인에서의 책임 있는 행동을 가르친다. 저작권 법률을 이해하고 준수한다. 이는 법적 분쟁을 예방하는 데 도움이 된다.

저작물 사용 시 필요한 절차를 숙지하여 타인의 권리를 침해하지 않도록 한다. 저작권 보호 기간, 저작물의 사용 조건 등을 명확히 이해하고, 이를 준수하는 것이 중요하다. 저작권 침해는 법적 문제를 초래할 수 있으므로, 항상 저작권자의 동의를 얻고, 저작물을 적절히 사용해야 한다.

법적 대응과 예방 전략

디지털 시대에는 다양한 형태의 법적 문제가 발생할 수 있다. 명예훼손,

초상권 침해 등 여러 문제가 발생할 때 적절한 법적 대응과 예방 전략을 이해하는 것이 중요하다. 법적 대응 절차는 명예훼손이나 초상권 침해와 같은 문제를 해결하는 데 필수적이다. 피해자는 적절한 절차를 통해 자신의 권리를 보호할 수 있다.

먼저, 문제의 발생 여부를 확인한다. 피해자가 명예훼손이나 초상권 침해를 당했다고 느낄 경우, 해당 행위가 법적 기준에 부합하는지 검토해야 한다. 타인이 온라인에 허위 사실을 유포하여 피해자의 명예를 훼손한 경우, 이는 법적 대응이 필요한 상황이다.

명예훼손의 경우, 명예를 훼손하는 발언이나 게시물이 객관적으로 타인의 평판을 떨어뜨리는 내용인지 확인한다. 초상권 침해의 경우, 이미지나 영상이 동의 없이 사용되었는지 검토한다.

법적 대응을 위해 증거를 수집한다. 증거는 사건의 구체적인 상황을 입증하는 데 필수적이다. 명예훼손의 경우, 해당 게시물의 스크린샷, 게시 날짜, 작성자 정보를 수집한다. 초상권 침해의 경우, 무단으로 사용된 사진이나 영상의 원본 파일과 사용된 맥락을 기록한다. 증거는 법적 소송에서 결정적인 역할을 하며, 사건의 진실을 밝히는 데 도움을 준다. 가능한 모든 증거를 확보하고, 변조되지 않도록 주의해야 한다.

변호사와 상담하여 법적 대응 방안을 논의한다. 변호사는 피해자의 권리를 보호하고, 적절한 법적 절차를 안내한다. 변호사는 명예훼손이나 초상권 침해에 대한 법적 소송을 제기하는 방법과 필요한 증거 수집 방법을 설명해준다.

변호사는 법적 절차의 전문가로서 피해자가 법적 절차를 올바르게 따를 수 있도록 돕는다. 상담을 통해 피해자는 법적 대응의 전반적인 과정을 이해하고, 구체적인 행동 계획을 세울 수 있다.

법원에 소송을 제기한다. 이는 민사 소송과 형사 소송으로 나뉜다. 민사 소송에서는 손해 배상을 청구할 수 있으며, 형사 소송에서는 범죄 행위에 대한 처벌을 요구할 수 있다. 명예훼손의 경우, 피해자는 민사 소송을 통해 정신적 피해에 대한 보상을 받을 수 있다.

소송 절차는 법원에 소장을 제출하고, 필요한 서류와 증거를 제공하는 것으로 시작된다. 소송 과정에서는 변호사의 조언에 따라 적절히 대응하고, 법정에서 자신의 주장을 명확히 해야 한다.

소송 전에 합의를 시도할 수도 있다. 이는 시간과 비용을 절약하는 방법이다. 피해자는 초상권을 침해한 당사자와 합의를 통해 문제를 해결할 수 있다. 합의를 통해 빠른 해결을 원할 경우, 적절한 배상과 사과를 받을 수 있다. 합의 과정에서는 변호사의 도움을 받아 합의 조건을 명확히 하고, 합의서에 서명한다. 합의는 소송보다 빠르고 간단하게 문제를 해결할 수 있는 방법이지만, 피해자의 권리가 충분히 보호되는지 확인해야 한다.

예방 전략은 법적 문제를 사전에 방지하는 데 중요하다. 적절한 예방 전략을 통해 법적 분쟁을 최소화할 수 있다. 온라인에서 개인 정보를 신중히 관리한다. 불필요한 정보 공개는 법적 문제의 표적이 될 수 있다. 자신의 사진을 과도하게 공개하지 않는 것이 중요하다.

소셜 미디어에서 프라이버시 설정을 철저히 하고, 공개 범위를 제한하는 것이 좋다. 또한, 민감한 개인 정보를 공유하지 않도록 주의하고, 타인의 개인 정보를 보호하는 것도 중요하다.

계정 보안을 강화하기 위해 강력한 비밀번호를 사용하고, 정기적으로 변경한다. 이는 해킹이나 계정 도용을 방지하는 데 도움이 된다. 비밀번호를 숫자, 대문자, 특수문자를 포함하여 복잡하게 설정하고, 주기적으로 변경한다. 또한, 이중 인증을 설정하여 보안을 강화할 수 있다. 강력한 비밀번호는 계정 보호의 기본이며, 주기적인 변경은 보안 수준을 유지하는 데 도움이 된다.

타인의 사진이나 영상을 사용할 때는 반드시 사전 동의를 받아야 한다. 이는 상업적 용도뿐만 아니라 비상업적 용도에서도 중요하다. 친구의 사진을 소셜 미디어에 게시할 때도 동의를 구하는 것이 좋다. 상업적 광고나 프로모션에서도 모델의 서면 동의를 받는 것이 필수적이다. 사전 동의는 법적 분쟁을 예방하는 가장 효과적인 방법 중 하나이며, 상호 간의 신뢰를 구축하는 데 도움을 준다.

온라인에서의 윤리적 행동에 대해 교육하고, 법적 문제의 심각성을 알린다. 이는 예방의 중요한 부분이다. 학교나 직장에서 사이버 윤리 교육을 통해 학생이나 직원들에게 온라인에서의 책임 있는 행동을 가르친다. 이를 통해 법적 문제를 사전에 방지할 수 있다. 사이버 윤리 교육은 개인과 조직 모두에게 중요한데, 이는 올바른 인터넷 사용 습관을 기르고, 법적 분쟁을 예방하는 데 도움이 된다.

저작권 법률을 이해하고 준수한다. 이는 법적 분쟁을 예방하는 데 도움이 된다. 저작물 사용 시 필요한 절차를 숙지하여 타인의 권리를 침해하지 않도록 한다. 저작권 보호 기간, 저작물의 사용 조건 등을 명확히 이해하고, 이를 준수하는 것이 중요하다. 저작권 침해는 법적 문제를 초래할 수 있으므로, 항상 저작권자의 동의를 얻고, 저작물을 적절히 사용해야 한다.

실제 사례를 통해 법적 대응과 예방 전략의 중요성을 이해할 수 있다. 한 유명인이 소셜 미디어에서 허위 사실 유포로 인해 명예를 훼손당한 경우가 있다. 이 유명인은 변호사와 상담하여 증거를 수집하고, 법원에 소송을 제기했다. 법원은 피해자의 명예를 훼손한 게시물을 삭제하도록 명령하고, 피해자에게 손해 배상을 지급하라고 판결했다. 이는 법적 대응 절차를 통해 자신의 권리를 보호한 사례이다. 이러한 사례는 명예훼손에 대한 법적 대응이 효과적임을 보여준다.

또 다른 사례로, 한 모델이 자신의 사진이 동의 없이 광고에 사용된 것을 발견한 경우가 있다. 이 모델은 광고 회사에 법적 소송을 제기하고, 증거를 수집하여 법원에 제출했다. 법원은 모델의 초상권을 인정하고, 광고 회사에 손해 배상을 명령했다. 이는 초상권 침해에 대한 법적 대응의 성공적인 사례이다. 이러한 사례는 초상권을 보호하기 위한 법적 대응이 필요함을 강조한다.

한 회사가 사이버 윤리 교육을 통해 직원들에게 온라인에서의 책임 있는 행동을 교육한 사례도 있다. 이 회사는 정기적인 교육을 통해 직원들이 저작권 법률을 준수하고, 사전 동의를 확보하도록 지도했다. 이를 통해 법적 분쟁을 사전에 예방하고, 회사의 명성을 보호할 수 있었다. 이러한 사례는 예방 전략이 법적 문제를 방지하는 데 효과적임을 보여준다.

디지털 시대에는 다양한 형태의 법적 문제가 발생할 수 있다. 명예훼손, 초상권 침해 등 여러 문제에 대해 법적 대응과 예방 전략을 이해하는 것이 중요하다. 적절한 법적 대응 절차와 예방 전략을 통해 피해를 최소화하고, 자신의 권리를 보호할 수 있다. 이를 통해 디지털 환경에서의 안전한 활동을 보장할 수 있다. 각 개인과 조직은 법적 권리와 책임을 철저히 인식하고, 이를 준수해야 한다.

디지털환경에서 꼭 지켜야할 사이버 윤리에 대해 정리해보세요.

문오영 기자

"디지털 네이티브"와 "디지털 이주민" 사이의 간극을 좁히고, AI 시대에 걸맞은 개인 브랜딩 전략을 제시하는 것이 현재의 목표다. 미디어와 기술의 변화 속에서 자신만의 목소리를 찾고 키워나가려는 이들에게 실질적인 도움을 주는 멘토이자 동반자가 되고자 한다.

한국미디어창업뉴스의 객원기자로서 다양한 분야의 혁신가들과 소통하며, 그들의 이야기를 세상에 전하는 역할을 수행하고 있다. 이 과정에서 얻은 통찰을 바탕으로 개인과 기업의 브랜딩 전략을 수립하는 데 전문성을 갖추고 있다.

- 한국미디어창업뉴스 객원기자
- 유튜브 크리에이터 1급 자격증
- 디지털튜터 2급 자격증
- ESG지도자 2급 자격증

광고하지 말고 언론하라!

세상을 움직이는 마케팅,
언론이 답이다.

Part 7

인터뷰기사 작성법

CONTENTS

인터뷰 준비하기 _____ 177

인터뷰 진행하기 _____ 182

인터뷰 기사 작성하기 _____ 188

고객과의 관계 형성 _____ 192

인터뷰 준비하기

인터뷰는 기자에게 있어 가장 중요한 작업 중 하나다. 철저한 준비는 성공적인 인터뷰의 필수 요소다. 이 장에서는 인터뷰 준비 과정에서 고려해야 할 다양한 요소들을 다룬다. 사전 조사, 질문 준비, 일정 및 장소 설정, 장비 준비 등을 포함하여, 완벽한 인터뷰를 위한 모든 준비 단계를 상세히 설명한다.

1) 사전 조사

인터뷰 준비의 첫 번째 단계는 대상자에 대한 철저한 사전 조사다. 사전 조사는 인터뷰의 방향을 설정하고, 더 깊이 있는 질문을 할 수 있는 기반을 마련한다.

a) 대상자 정보 수집

인터뷰 대상자의 배경, 업적, 경력, 최근 활동 등을 조사한다. 인터넷 검색, 소셜 미디어, 관련 기사 등을 통해 정보를 수집할 수 있다. 대상자의 공식 웹사이트나 소셜 미디어 프로필을 확인하면 최신 정보를 얻는 데 도움이 된다.

b) 관련 분야 연구

대상자가 속한 분야에 대한 전반적인 이해도 필요하다. 해당 분야의 주요 이슈, 트렌드, 논쟁 등을 파악하여 더 깊이 있는 대화를 나눌 수 있다. 이를 통해 인터뷰 질문을 더 구체적이고 관련성 있게 만들 수 있다.

c) 기존 인터뷰 분석

대상자가 이전에 했던 인터뷰를 참고하면, 어떤 질문이 이미 다루어졌고, 어떤 주제가 새로운지 파악할 수 있다. 이를 통해 중복된 질문을 피하고, 새로운 관점에서 질문을 준비할 수 있다.

2) 질문 준비

질문 준비는 인터뷰의 핵심 단계 중 하나다. 좋은 질문은 인터뷰의 질을 좌우한다. 질문은 대상자의 이야기와 정보를 효과적으로 끌어낼 수 있도록 구성되어야 한다.

열린 질문과 닫힌 질문: 열린 질문은 대상자가 자신의 생각과 느낌을 자유롭게 표현할 수 있게 한다.

예를 들어, "어떤 계기로 이 분야에 들어오게 되었나요?"와 같은 질문은 대상자의 개인적인 이야기를 끌어낼 수 있다. 반면에, 닫힌 질문은 특정 정보를 얻는 데 유용하다. "이 프로젝트는 몇 년 동안 진행되었나요?"와 같은 질문은 명확한 답변을 요구한다.

a) 추적 질문

첫 번째 질문에 대한 답변을 기반으로 더 깊이 있는 정보를 얻기 위한 질문이다. 예를 들어, "그 경험이 당신의 커리어에 어떤 영향을 미쳤나요?"와 같은 질문은 대상자의 이전 답변을 확장시킨다.

b) 균형 잡힌 질문

인터뷰 전체의 흐름을 고려하여 질문을 균형 있게 배치한다. 주제를 지나치게 한쪽으로 치우치지 않도록 하고, 대상자가 다양한 측면에서 자신의 생각을 표현할 수 있도록 한다.

c) 민감한 주제 다루기

민감한 주제를 다룰 때는 신중함이 필요하다. 대상자의 감정을 고려하고, 존중하는 태도로 접근해야 한다. 예를 들어, "이 주제에 대해 이야기하기 어려울 수 있지만, 가능한 범위 내에서 말씀해 주실 수 있나요?"와 같은 질문은 대상자의 편안함을 우선시한다.

3) 일정 및 장소 설정

인터뷰의 일정과 장소를 설정하는 것도 중요한 준비 과정이다. 이는 인터뷰의 분위기와 진행에 큰 영향을 미칠 수 있다.

a) 일정 조율

대상자의 일정에 맞추어 인터뷰 일정을 조율한다. 가능한 한 대상자가 편안한 시간대를 선택하여 인터뷰의 질을 높일 수 있다. 사전에 일정을 확인하고, 인터뷰 당일에 재확인하는 것이 좋다.

b) 장소 선택

인터뷰 장소는 대상자의 편안함과 인터뷰의 성격에 따라 결정된다. 조용하고 방해받지 않는 장소를 선택하는 것이 중요하다. 사무실, 카페, 공공 장소 등 다양한 옵션을 고려할 수 있다. 대상자의 편의를 우선으로 하되, 녹음 장비 사용이 용이한 장소를 선택한다.

c) 환경 조성

인터뷰 장소의 환경을 미리 점검하여 적절한 조명을 확보하고, 소음이 적은지 확인한다. 이를 통해 인터뷰 중 불필요한 방해를 최소화할 수 있다.

4) 장비 준비

인터뷰를 성공적으로 진행하기 위해 필요한 장비를 준비하는 것도 중요하다. 장비의 준비 상태는 인터뷰의 매끄러운 진행을 보장한다.

a) 녹음 장비

인터뷰 내용을 정확히 기록하기 위해 고품질의 녹음 장비를 준비한다. 녹음기의 배터리 상태를 확인하고, 예비 배터리와 메모리 카드를 준비한다. 인터뷰 시작 전에 장비를 테스트하여 정상 작동을 확인한다.

b) 노트와 필기구

녹음 외에도 중요한 포인트를 빠르게 기록할 수 있는 노트와 필기구를 준비한다. 이는 나중에 기사를 작성할 때 유용하게 활용된다.

c) 카메라

필요한 경우 인터뷰 장면을 촬영할 수 있는 카메라를 준비한다. 사진은 기사의 비주얼 요소를 강화할 수 있다. 카메라의 배터리와 메모리 상태를 점검하고, 필요한 장비를 미리 설정한다.

5) 멘탈 준비

인터뷰를 앞두고 기자 본인의 멘탈 준비도 중요하다. 이는 인터뷰의 분위기와 결과에 큰 영향을 미친다.

a) 자신감 가지기

철저한 준비는 자신감으로 이어진다. 대상자와의 대화에서 자신감을 가지고 질문을 던지면, 대상자도 더 편안하게 답변할 수 있다.

b) 유연성 유지

인터뷰 중 예상치 못한 상황이 발생할 수 있다. 이러한 상황에 유연하게 대처할 수 있는 마음가짐을 가지는 것이 중요하다. 질문 리스트에 얽매이지 않고, 대화의 흐름에 따라 자연스럽게 질문을 이어나가는 능력을 키워야 한다.

c) 적극적 경청

인터뷰 중에는 대상자의 말에 집중하고, 적극적으로 경청하는 자세가 필요하다. 이는 대상자에게 진심으로 관심을 갖고 있음을 보여주며, 더 풍부한 답변을 이끌어낼 수 있다.

6) 시뮬레이션 및 최종 점검

인터뷰 전 시뮬레이션을 통해 실제 상황을 연습하고, 최종 점검을 통해 준비 사항을 확인한다.

a) 시뮬레이션

동료나 친구와 함께 인터뷰 시뮬레이션을 진행하여 예상 질문과 답변을 연습한다. 이는 실제 인터뷰 상황에서 더 자연스럽게 대처할 수 있도록 도와준다.

b) 최종 점검

인터뷰 전날과 당일 아침에 준비 사항을 최종 점검한다. 질문 리스트, 장비 상태, 인터뷰 일정 등을 다시 한번 확인하여 모든 것이 준비되었는지 확인한다.

인터뷰 준비는 단순히 사전 조사와 질문 준비에 그치지 않는다. 철저한 준비 과정을 통해 대상자와의 신뢰를 쌓고, 인터뷰를 성공적으로 이끌어갈 수 있는 기반을 마련하는 것이다. 이 장에서 다룬 내용을 바탕으로 철저한 준비를 거쳐 성공적인 인터뷰를 진행하기 바란다.

인터뷰 진행하기

인터뷰를 성공적으로 진행하는 것은 기자의 능력에 달려 있다. 준비한 내용을 바탕으로 인터뷰를 효과적으로 이끌어 나가기 위해서는 다양한 기술과 전략이 필요하다. 이 장에서는 인터뷰 시작부터 마무리까지의 모든 과정을 상세히 다룬다.

1) 인터뷰 시작하기

인터뷰의 시작은 전체 분위기를 결정짓는다. 첫인상은 인터뷰의 성공에 큰 영향을 미칠 수 있다.

a) 라포 형성
인터뷰 시작 전 간단한 대화를 통해 대상자와의 긴장을 풀어준다. 대상자가 편안하게 느낄 수 있도록 배려한다. "오늘 날씨가 참 좋네요. 출근길에 어떠셨나요?"와 같은 간단한 질문으로 시작할 수 있다.

b) 인터뷰 목적 설명
인터뷰의 목적과 진행 방식을 간단히 설명한다. 이를 통해 대상자가 인터뷰의 흐름을 이해하고, 어떤 내용을 다룰지 예상할 수 있다. "오늘 인터뷰에서는 최근 프로젝트에 대해 깊이 있게 이야기하고 싶습니다."와 같이 명확히 전달한다.

c) 녹음 및 촬영 동의

인터뷰를 녹음하거나 촬영할 경우, 사전에 동의를 받는다. 대상자가 불편하지 않도록 미리 고지하고, 동의를 구한다. "인터뷰 내용을 녹음해도 괜찮을까요?"와 같은 문구로 동의를 얻는다.

2) 질문하기

질문은 인터뷰의 핵심이다. 잘 구성된 질문은 깊이 있는 답변을 이끌어낼 수 있다.

a) 순서와 흐름

질문의 순서를 미리 정하고, 자연스러운 흐름을 유지한다. 일반적인 질문에서 시작해 점차 구체적이고 심도 있는 질문으로 넘어간다. "현재 진행 중인 프로젝트에 대해 간단히 설명해 주시겠어요?"에서 시작해 "그 프로젝트의 주요 도전 과제는 무엇이었나요?"와 같이 진행한다.

b) 추적 질문

대상자의 답변에 따라 추가적인 질문을 던진다. 이는 인터뷰를 더 깊이 있게 만들고, 대상자의 진솔한 이야기를 이끌어낼 수 있다. "그 결정이 팀에 어떤 영향을 미쳤나요?"와 같은 질문을 통해 더 많은 정보를 얻는다.

c) 경청과 반응

질문을 던진 후에는 대상자의 답변을 주의 깊게 경청한다. 적절한 반응과 리액션을 통해 대상자가 더 많이 말할 수 있도록 유도한다. "그렇군요, 정말 흥미로운 이야기네요."와 같은 긍정적인 반응을 보인다.

b) 유연성 유지

미리 준비한 질문 리스트에 얽매이지 않고, 인터뷰의 흐름에 따라 유연하게 대처한다. 예상치 못한 답변이 나올 경우, 그에 맞춰 새로운 질문을 즉석에서 만들어내는 능력이 필요하다.

3) 비언어적 의사소통

비언어적 의사소통은 인터뷰에서 매우 중요한 요소다. 이는 대상자와의 신뢰를 쌓고, 더 많은 정보를 이끌어낼 수 있게 한다.

a) 눈 맞춤

대상자와의 적절한 눈 맞춤은 신뢰감을 준다. 너무 오래 쳐다보지 않으면서도 적절한 눈 맞춤을 통해 관심을 표현한다.

b) 바디 랭귀지

몸의 자세와 제스처도 중요한 역할을 한다. 열린 자세와 긍정적인 제스처는 대상자가 더 편안하게 느끼도록 한다. 팔짱을 끼거나 몸을 뒤로 젖히지 말고, 몸을 약간 앞으로 기울여 대상자에게 관심을 보인다.

c) 표정

적절한 표정은 대상자의 이야기에 대한 진정한 관심을 나타낸다. 대상자가 진지한 이야기를 할 때는 진지한 표정을, 웃긴 이야기를 할 때는 웃는 표정을 지어준다.

4) 민감한 주제 다루기

민감한 주제를 다룰 때는 특별한 주의가 필요하다. 대상자가 불편함을 느끼지 않도록 배려하면서도 중요한 정보를 이끌어내야 한다.

a) 신중한 접근
민감한 주제에 접근할 때는 신중함이 필요하다. "이 질문이 조금 민감할 수 있습니다만, 가능하다면 답변 부탁드립니다."와 같은 방식으로 부드럽게 접근한다.

b) 대상자의 편안함 우선
대상자가 불편해하는 신호를 보이면 즉시 주제를 바꾸거나 질문을 완화한다. 대상자의 감정을 존중하며 인터뷰를 진행한다.

c) 정보 보호 약속
민감한 정보에 대해서는 철저한 비밀 보장을 약속한다. 이는 대상자가 더 개방적으로 이야기할 수 있도록 돕는다. "이 부분은 기사에 사용하지 않고 비밀로 하겠습니다."라고 확실히 전달한다.

5) 인터뷰 중 발생할 수 있는 문제 상황 대처

인터뷰 중 예상치 못한 상황이 발생할 수 있다. 이러한 상황에 대비하고, 유연하게 대처하는 능력이 필요하다.

a) 기술적 문제
녹음 장비나 카메라에 문제가 생길 경우를 대비해 예비 장비를 준비한다. 문제가 발생하면 신속하게 해결하고, 대상자에게 상황을 설명한다. "잠시

만요, 장비에 문제가 생긴 것 같습니다. 바로 해결하겠습니다."라고 말한다.

b) 대상자의 태도 변화

인터뷰 중 대상자의 태도가 갑자기 변할 경우, 원인을 파악하고 적절히 대응한다. 예를 들어, 대상자가 화를 내거나 불편해할 경우, 인터뷰를 잠시 중단하고 상황을 진정시킨다. "잠시 휴식을 취한 후 다시 시작해도 괜찮을까요?"라고 제안한다.

c) 예정된 시간 초과

인터뷰가 예상 시간을 초과할 경우, 대상자에게 시간을 재확인하고, 가능한 경우 인터뷰를 연장한다. "지금 시간이 조금 초과되었는데, 괜찮으시다면 조금 더 진행해도 될까요?"라고 묻는다.

6) 인터뷰 마무리

인터뷰를 잘 마무리하는 것도 중요한 과정이다. 이는 인터뷰 전체에 대한 긍정적인 인상을 남기고, 대상자와의 좋은 관계를 유지하는 데 도움이 된다.

a) 감사 인사

인터뷰가 끝나면 대상자에게 감사의 인사를 전한다. "오늘 귀중한 시간을 내주셔서 정말 감사합니다."라고 말하며 인터뷰를 마무리한다.

b) 추가 질문 가능성 언급

필요할 경우, 인터뷰 후 추가 질문을 드릴 수 있음을 미리 알린다. "나중에 추가로 궁금한 점이 생기면 연락드려도 될까요?"라고 묻는다.

c) 자료 공유

인터뷰 내용과 관련된 자료나 기사가 나오면 대상자에게 공유한다. 이는 대상자가 인터뷰 결과를 확인할 수 있도록 돕는다. "기사가 나오면 바로 공유드리겠습니다."라고 약속한다.

7) 후속 작업

인터뷰가 끝난 후에는 후속 작업을 통해 인터뷰 내용을 정리하고, 기사를 작성하는 과정을 거친다.

a) **녹음 파일 정리**

인터뷰 내용을 녹음한 파일을 정리하고, 중요한 부분을 메모해 둔다. 이를 통해 기사 작성 시 필요한 자료를 쉽게 찾을 수 있다.

b) **메모 검토**

인터뷰 중 기록한 메모를 검토하고, 중요한 포인트를 정리한다. 메모는 녹음 내용을 보완하는 데 유용하다.

c) **피드백 요청**

인터뷰 대상자에게 인터뷰에 대한 피드백을 요청한다. 이를 통해 인터뷰 진행 방식에 대한 개선점을 찾을 수 있다. "오늘 인터뷰에 대해 피드백 주시면 감사하겠습니다."라고 요청한다.

이 장에서 다룬 내용을 바탕으로 인터뷰를 효과적으로 진행하고, 성공적인 결과를 얻기를 바란다. 철저한 준비와 유연한 대처는 성공적인 인터뷰의 핵심이다.

인터뷰 기사 작성하기

인터뷰가 성공적으로 끝난 후에는 그 내용을 바탕으로 기사를 작성하는 단계가 남아 있다. 이 단계는 인터뷰에서 얻은 정보를 독자들에게 효과적으로 전달하는 과정이다. 인터뷰 기사를 작성하는 방법을 상세히 다루며, 핵심 포인트와 기술을 소개한다.

1) 인터뷰 내용 정리하기

인터뷰 후 가장 먼저 해야 할 일은 인터뷰 내용을 정리하는 것이다. 이는 기사를 작성하기 위한 기초 작업이다.

a) 녹음 내용 전사
인터뷰 내용을 녹음한 파일을 듣고, 중요한 부분을 전사한다. 이를 통해 정확한 내용을 확보할 수 있다. 전사는 인터뷰의 모든 내용을 기록하는 것이 아니라, 중요한 포인트와 인용할 만한 부분을 중심으로 한다.

b) 메모와 비교
인터뷰 중 기록한 메모와 전사한 내용을 비교하여 누락된 부분이나 추가로 중요한 정보를 확인한다. 이는 인터뷰 내용을 보다 정확하게 이해하는 데 도움이 된다.

c) 핵심 주제 정리
인터뷰의 핵심 주제를 정리하고, 이를 중심으로 기사의 구조를 구상한다. 인터뷰의 주요 메시지와 중요한 포인트를 명확히 파악한다.

2) 기사 구조 설계

인터뷰 기사는 명확한 구조를 가지고 있어야 독자들이 쉽게 이해할 수 있다. 기사의 구조를 설계하는 것은 중요한 단계다.

a) 리드 작성

기사의 첫 부분인 리드는 독자의 관심을 끄는 데 매우 중요하다. 인터뷰의 가장 흥미로운 부분이나 핵심 메시지를 담아 독자가 기사를 읽고 싶게 만든다. 예를 들어, "성공한 CEO가 전하는 비결, '꾸준함이 답이다.'"와 같은 강력한 문장을 사용한다.

b) 본문 전개

본문에서는 인터뷰 내용을 일관성 있게 전개한다. 인터뷰의 주요 주제별로 내용을 정리하고, 각 주제를 논리적으로 연결한다. 주제별로 단락을 구분하여 독자가 쉽게 따라올 수 있도록 한다.

c) 인용과 설명

인터뷰에서 얻은 중요한 발언을 인용하고, 이에 대한 설명을 덧붙인다. 인용문은 인터뷰의 생생한 목소리를 전달하는 데 도움이 된다. 예를 들어, "그는 '꾸준한 노력만이 성공의 비결이다'라고 말했다."와 같은 방식으로 인용한다.

3) 효과적인 글쓰기 기법

기사를 더 매력적으로 만들기 위해서는 효과적인 글쓰기 기법이 필요하다.

a) 간결하고 명확한 문장

기사는 간결하고 명확한 문장으로 구성해야 한다. 복잡한 문장보다는 짧고 명확한 문장을 사용하여 독자가 쉽게 이해할 수 있도록 한다.

b) 적절한 단어 선택

정확하고 적절한 단어를 선택하여 기사의 신뢰성을 높인다. 모호한 표현이나 추측성 단어는 피하고, 사실에 근거한 단어를 사용한다.

c) 생동감 있는 표현

독자의 관심을 끌기 위해 생동감 있는 표현을 사용한다. 생생한 묘사와 구체적인 사례를 통해 기사를 더 흥미롭게 만든다. 예를 들어, "그의 얼굴에는 성공의 기쁨이 가득했다."와 같은 표현을 사용한다.

4) 기사 편집과 교정

기사를 작성한 후에는 편집과 교정을 통해 기사의 완성도를 높인다.

a) 구조 점검

기사의 구조가 논리적으로 구성되어 있는지 점검한다. 각 단락이 자연스럽게 이어지며, 내용의 흐름이 매끄러운지 확인한다.

b) 사실 확인

기사에 포함된 모든 정보가 정확한지 다시 한 번 확인한다. 인터뷰에서 인용한 내용, 숫자, 이름 등의 정확성을 검토한다.

c) 문법과 맞춤법 검사

문법과 맞춤법에 오류가 없는지 철저히 검사한다. 이는 기사의 신뢰성을 높이는 데 중요하다. 예를 들어, 문법 검사 도구를 사용하거나, 다른 사람에게 교정을 부탁한다.

5) 인터뷰 기사의 비주얼 요소

비주얼 요소는 기사의 가독성을 높이고, 독자의 관심을 끄는 데 도움이 된다.

a) 사진 사용

인터뷰 기사에 사진을 포함하면 독자의 관심을 끌 수 있다. 인터뷰 대상자의 사진, 인터뷰 중 촬영한 사진 등을 사용한다. 사진에는 적절한 캡션을 달아 사진의 내용을 설명한다.

b) 그래픽과 차트

필요에 따라 그래픽이나 차트를 포함하여 정보를 시각적으로 전달한다. 예를 들어, 인터뷰에서 다룬 데이터나 통계를 그래픽으로 표현하면 독자가 더 쉽게 이해할 수 있다.

c) 인포그래픽

인포그래픽을 사용하여 인터뷰의 핵심 내용을 시각적으로 요약할 수 있다. 이는 독자에게 중요한 정보를 빠르게 전달하는 데 유용하다.

6) 독자의 시각에서 생각하기

기사를 작성할 때는 항상 독자의 시각에서 생각해야 한다. 독자가 궁금해할 만한 내용을 중심으로 기사를 구성한다.

a) 독자의 관심사 파악

독자의 관심사를 파악하고, 그에 맞춰 기사의 내용을 구성한다. 예를 들어, 인터뷰 대상자가 유명 인사라면 그의 개인적인 이야기나 성공 비결 등을 중심으로 기사를 작성한다.

b) 질문에 대한 답변 제공

독자가 인터뷰 기사를 통해 얻고자 하는 정보를 명확히 전달한다. 독자가 궁금해할 만한 질문에 대한 답변을 기사에 포함한다.

c) 가독성 고려

기사의 가독성을 높이기 위해 단락을 적절히 나누고, 중요 정보를 강조한다. 소제목을 사용하여 기사의 각 부분을 구분하고, 독자가 쉽게 내용을 따라올 수 있도록 한다.

인터뷰 기사를 작성하는 과정은 단순히 인터뷰 내용을 정리하는 것에 그치지 않는다. 인터뷰에서 얻은 정보를 효과적으로 전달하고, 독자에게 흥미와 가치를 제공하는 것이 중요하다. 이 장에서 다룬 내용을 바탕으로 인터뷰 기사를 작성하면, 독자에게 큰 인사이트를 제공하는 기사를 만들 수 있을 것이다.

기사를 작성하는 과정은 끊임없는 연습과 노력이 필요하다. 각 인터뷰와 기사를 통해 자신만의 스타일을 발전시키고, 더 나은 기사를 작성할 수 있는 능력을 길러 나가기를 바란다. 성공적인 인터뷰 기사를 작성하는 것은 기자로서의 중요한 역량 중 하나이며, 이는 독자와의 신뢰를 쌓는 데 큰 역할을 한다.

고객과의 관계 형성

기자로서 성공적인 커리어를 쌓기 위해서는 인터뷰 대상자와의 좋은 관계를 유지하는 것이 중요하다. 이는 신뢰를 기반으로 한 관계를 구축하고, 지속적인 소통을 통해 미래의 인터뷰와 협업을 가능하게 한다. 이 장에서는 고객, 즉 인터뷰 대상자와의 관계를 형성하고 유지하는 방법을 다룬다.

1) 신뢰 구축

신뢰는 모든 관계의 기본이다. 기자와 인터뷰 대상자 간의 신뢰는 인터뷰의 질과 협력의 지속성을 보장한다.

a) 투명성
인터뷰의 목적과 사용 방법을 명확히 설명한다. 대상자가 자신이 말한 내용이 어떻게 사용될지 알게 하는 것은 신뢰 형성에 필수적이다. "이 인터뷰는 다음 주 발행될 기사에 포함될 예정입니다"와 같이 투명하게 설명한다.

b) 정직
사실에 근거한 질문을 하고, 대상자의 말을 왜곡하지 않는다. 이는 대상자가 자신의 말을 신뢰할 수 있게 한다.

c) 약속 준수
인터뷰 전에 합의한 사항을 반드시 지킨다. 인터뷰 시간을 준수하고, 약속한 기한 내에 기사를 완성해 전달한다.

2) 지속적인 소통

한 번의 인터뷰로 끝나는 것이 아니라, 지속적인 소통을 통해 장기적인 관계를 유지하는 것이 중요하다.

a) 정기적인 업데이트
대상자와의 관계를 유지하기 위해 정기적으로 소식을 전하고 업데이트를 제공한다. "최근 프로젝트에 대해 업데이트가 있으면 알려주세요"와 같이 지속적인 관심을 표현한다.

b) 피드백 요청

기사가 발행된 후 대상자에게 피드백을 요청한다. "기사를 읽어보시고 의견을 주시면 감사하겠습니다"와 같은 요청을 통해 대상자의 의견을 존중한다.

c) 감사의 표현

인터뷰 후 감사의 인사를 전하고, 기회가 있을 때마다 감사를 표현한다. "귀중한 시간을 내주셔서 감사합니다"와 같은 문구를 사용한다.

3) 관계의 상호 이익

관계는 상호 이익을 기반으로 한다. 기자와 대상자 모두에게 이익이 되는 관계를 형성하는 것이 중요하다.

a) 상호 존중

대상자의 의견과 시간을 존중한다. 인터뷰가 끝난 후에도 대상자의 성과나 업적을 칭찬하고 지지한다.

b) 가치 제공

대상자에게 유용한 정보를 제공하거나, 그들의 이야기를 더 많은 사람들에게 알리는 기회를 제공한다. "이번 인터뷰 기사를 통해 많은 독자들이 당신의 이야기를 알게 될 것입니다"와 같은 설명을 한다.

c) 협력 기회

대상자와의 협력을 통해 더 나은 결과를 도출할 수 있는 기회를 모색한다. 공동 프로젝트나 추가 인터뷰 등의 기회를 논의한다.

4) 윤리적 고려

윤리적 기준을 준수하는 것은 신뢰와 관계 형성에 매우 중요하다.

a) 프라이버시 보호

인터뷰 대상자의 프라이버시를 존중하고 보호한다. 민감한 정보는 대상자의 동의 없이 공개하지 않는다. "이 부분은 비공개로 유지하겠습니다"와 같은 약속을 한다.

b) 공정성

모든 인터뷰 대상자를 공정하게 대우한다. 편견 없이 객관적인 태도로 인터뷰를 진행하고, 기사를 작성한다.

c) 투명한 의사소통

인터뷰 과정에서 발생할 수 있는 모든 상황에 대해 투명하게 의사소통한다. 문제가 발생할 경우 즉시 대상자에게 알리고, 해결책을 모색한다.

5) 피드백과 개선

피드백을 통해 자신을 개선하고, 더 나은 인터뷰어가 되기 위한 노력을 지속한다.

a) 피드백 수용

대상자에게서 받은 피드백을 진지하게 수용하고, 이를 바탕으로 개선점을 찾는다. "다음 인터뷰에서는 이 부분을 개선하겠습니다"와 같은 태도를 보인다.

b) 자기 평가

인터뷰가 끝난 후 스스로 평가하고, 잘된 점과 부족한 점을 분석한다. 이는 지속적인 성장에 도움이 된다.

c) 교육과 연습

새로운 인터뷰 기술과 전략을 배우고, 이를 실제로 적용해 본다. 워크샵, 세미나 등에 참석하여 지속적으로 배우고 연습한다.

6) 관계 유지의 장기 전략

장기적인 관계를 유지하기 위한 전략을 세우고 실행한다.

a) 네트워킹

정기적인 네트워킹 활동을 통해 새로운 관계를 형성하고, 기존 관계를 강화한다. 업계 행사, 세미나, 콘퍼런스 등에 참석하여 인맥을 넓힌다.

b) 연락 유지

정기적으로 연락을 유지하며, 대상자의 최신 소식을 지속적으로 따라간다. 생일, 중요한 기념일 등에 축하 메시지를 보내는 것도 좋은 방법이다.

c) 기회 창출

대상자와의 협력을 통해 새로운 기회를 창출하고, 상호 발전을 도모한다. 공동 프로젝트나 특별 기획 기사를 통해 더 깊이 있는 관계를 구축한다.

7) 인터뷰 대상자 관리

효과적으로 인터뷰 대상자를 관리하는 것도 관계 형성의 중요한 부분이다.

a) 데이터베이스 구축

인터뷰 대상자의 정보를 체계적으로 관리하기 위해 데이터베이스를 구축한다. 연락처, 인터뷰 내용, 주요 관심사 등을 정리해 두면 유용하다.

b) 개인화된 접근

각 대상자의 특성과 요구에 맞춰 개인화된 접근을 한다. 이는 대상자가 특별한 대우를 받고 있다고 느끼게 한다.

c) 연락 빈도 조절

너무 잦은 연락은 부담이 될 수 있으므로 적절한 빈도로 연락을 유지한다. 대상자의 상황과 필요에 맞춰 연락 빈도를 조절한다.

8) 사례 연구

성공적인 관계 형성 사례를 연구하고, 이를 통해 배울 수 있는 점을 찾는다.

a) 성공 사례 분석

다른 기자들의 성공적인 관계 형성 사례를 분석하고, 이를 벤치마킹한다. 어떤 전략이 효과적이었는지, 어떤 부분을 개선할 수 있을지 고민한다.

b) 실패 사례 연구

실패 사례도 중요하다. 실패한 사례를 분석하여 같은 실수를 반복하지 않도록 한다. 실패의 원인과 개선 방안을 찾는다.

c) 계속적인 학습

사례 연구를 통해 지속적으로 배우고, 이를 실제 인터뷰와 관계 형성에 적용한다.

고객, 즉 인터뷰 대상자와의 관계를 형성하고 유지하는 것은 기자로서의 중요한 역량 중 하나다. 이는 단순히 인터뷰를 잘 진행하는 것에 그치지 않고, 장기적인 신뢰와 협력의 기반을 마련하는 데 필수적이다. 이 장에서 다룬 내용을 바탕으로 성공적인 관계를 형성하고, 유지하기 바란다.

관계 형성은 지속적인 노력과 관심이 필요하다. 각 인터뷰와 경험을 통해 배우고 성장하며, 더 나은 기자로서의 길을 걸어가기를 바란다. 성공적인 관계 형성을 통해 더 많은 기회를 얻고, 더 큰 성취를 이룰 수 있을 것이다.

인터뷰 사전 질문지를 작성해보세요.

이숙영 기자

읽고 쓰고 이야기를 하는 것을 좋아하는 북마스터이다. 한국독서문화교육협회 대표이자, 창의사고 교육원 원장으로 학교, 도서관 등의 교육기관에서 독서교육을 강의하고 있다. 법학과와 국어국문학과를 복수전공하고, 교육대학원에서 국어교육 석사학위를 받았다. 국어 정교사 교원자격증, 정사서 자격증을 가지고 있으며, 학교 및 도서관 등 기관에서 독서논술, 인문학, 북아트, 팝업북, 미디어리터러시, 북큐레이션, 평생교육에 대해 강의를 하고 있다. 창의독서지도사, 그림책놀이독서지도사, 독서논술지도사 1급, 2급 자격증 과정을 운영 중이며, 온라인 독서모임 호호북클럽과 한국미디어창업뉴스 기자로 활동 중이다.

- 한국독서문화교육협회 대표
- 창의사고 교육원 원장
- 한국미디어창업뉴스 취재기자
- 독서논술지도사 강사
- 미디어 리터러시 강사

광고하지 말고 언론하라!

세상을 움직이는 마케팅,
언론이 답이다.

Part 8

신문활용교육과 기자단을 활용한 언론홍보 마케팅

CONTENTS

신문활용교육의 정의와 역사 _____ 203

신문활용교육의 방법과 교육적 의미 _____ 204

어린이 신문과 어린이 기자단 _____ 209

기자단을 활용한 언론 홍보 마케팅 _____ 216

신문활용교육의 정의와 역사

신문활용교육(NIE, Newspaper In Education)은 신문을 교육 자료로 활용하는 교육 프로그램이다. 단순히 정보의 전달을 넘어서 학생들에게 비판적 사고, 분석적 능력, 창의적 표현의 기회를 제공한다.

신문활용교육의 시작은 1930년대 미국의 대표적 일간지인 <뉴욕타임스>가 신문을 교실에 배포하여 처음 시작되었다.

신문사들이 학교와 협력하여 제공한 교육용 신문은 단순한 뉴스 보도물이 아닌 학생들이 뉴스를 읽고 사건에 대해 이해하고 토론하여 현재 사회에 일어나고 있는 다양한 이슈에 대한 인식을 높이는 것을 교육 목적으로 제공되었다.

대공황과 2차 세계대전을 거치면서 신문활용교육은 학생들에게 사회적, 경제적 변화에 대해 교육하는 중요한 수단이 되었고, 전 세계적인 사건들에 대한 깊은 이해를 얻을 수 있었다.

1970년대 이후 신문활용교육은 더욱 체계화되고 전 세계적으로 확산되었다. 신문을 활용하여 학생들의 사회적 인식을 넓히고, 다양한 주제에 대해 학습할 수 있도록 다양한 프로그램이 개발하였다. 학생들은 기사를 읽고 자신의 의견을 글로 쓰는 활동을 통해 읽기와 쓰기 언어 능력과 비판적 사고 능력을 향상할 수 있었다.

한국은 1960년 한국일보사에서 '소년한국일보'를 창간한 이후 각 신문사에서 '어린이신문'을 발행하기 시작하였다. 1994년 한국신문편집인협회가 학교 교육에 NIE를 도입할 것을 건의하였고, 중앙일보 등에서 NIE를 도입하고 관련 지면을 발행하였다.

교사들도 NIE 교육에 대한 관심이 증가하여 교육과정에서도 정보활용교육, 토의토론 활성화 등 신문을 활용한 교육이 활성화되었다. 신문 동아리, 어린이 기자단 등 학생들이 직접 참여하여 기사 쓰기, 신문 제작 등이 이루어지고 있다.

디지털 시대의 변화로 신문활용교육도 진화하였다. 종이 신문의 활용보다는 온라인 뉴스, 미디어 등 다양한 형태의 뉴스 매체가 교육 자료로 활용되고 있다. 다양한 뉴스 매체로 학생들에게 더욱 폭넓은 시각에서 사회적 현상을 이해하고, 다양한 정보를 비판적으로 분석하는 능력을 길러주는 미디어 리터러시 교육으로 이루어지고 있다.

신문활용교육의 방법과 교육적 의미

신문활용교육은 유아부터 성인까지 다양한 방법으로 할 수 있다. 유아들은 신문에 있는 글자와 그림을 활용하여 읽기와 쓰기를 자연스럽게 배울 수 있다. 교사나 학부모와 함께 놀이를 하면서 학습에 대한 스트레스 없이 지식을 습득할 수 있고, 어른만 보는 신문이 아닌 놀이학습 도구로 활용되어 친근감을 느낄 수 있다.

신문에 있는 글자, 모양, 색깔 등을 탐색하고, 친근한 사물 등을 찾고 글자를 익히는 것은 정답을 찾는 것이 아니라 개념을 먼저 배우고 스스로 생각하면서 표현할 수 있도록 한다.

초중고학생은 신문의 종류와 구성 요소를 알고 신문 기사를 분석하며 신문에 대해 이해한다. 교과 학습에 적용하여 신문 정보를 활용한 토론 및 글쓰기, NIE를 적용한 독서 활동 등을 할 수 있다.

경제, 정치 기사를 통해 사회과 과목에 활용하며, 과거 신문에서 역사적 사건 등을 찾아 역사를 탐구하고 평가할 수 있다. 그리고 실제 기사를 작성하고 신문 만들기 활동을 통해 신문기자가 되어보는 진로학습도 경험할 수 있다.

신문활용교육(Newspaper In Education, NIE)은 학생들의 학습 경험을 풍부하게 하고, 비판적 사고와 미디어 리터러시를 강화하는 중요한 교육 도구이다. 신문은 다양한 정보와 관점을 제공하여 학생들이 현실 세계와의 연결을 강화하고, 언어 능력과 사회적 인식을 개발하는 데 도움을 준다.

신문활용교육의 방법에는 신문을 읽고 쓰는 활동 뿐만 아니라 비판적 사고를 기를 수 있는 토의토론 활동과 교과 연계 학습이 이루어진다. 지역사회에 대한 이해를 높이고 참여를 유도할 수도 있으며, 미디어를 비판적으로 분석하는 미디어 리터러시 교육이 이루어진다.

1) 기사 읽기와 분석

학생들은 신문 기사를 읽고 주요 내용을 요약하며, 사실과 의견을 구분하고, 기사의 구조를 분석하는 능력을 기른다. 이를 통해 비판적 사고와 정보 처리 능력을 향상시킨다.

예를 들면, 환경 보호에 관한 기사를 읽고, 주요 내용을 요약한 후, 기사에서 제시된 사실과 의견을 구분한다. 기사 구조를 분석하여 서론, 본론, 결론이 어떻게 구성되었는지 파악한다.

2) 토의토론

신문 기사를 바탕으로 학생들이 소그룹 또는 전체 학급 단위로 토론을 진행한다. 이 과정에서 다양한 시각을 이해하고 논리적 사고와 표현 능력을 개발할 수 있다.

최근 이슈가 된 사회적 문제에 관한 기사를 읽고, 학생들이 찬성과 반대 입장으로 나뉘어 토론을 진행한다. 각 그룹은 자신의 주장을 논리적으로 펼치고, 반대 의견을 경청하며 논의한다.

3) 신문 기사를 활용한 글쓰기

학생들은 신문 기사를 기반으로 사설, 논설문, 기사 등을 작성한다. 이를 통해 글쓰기 기술, 창의성, 논리적 표현 능력을 키운다.

교육 정책에 관한 기사를 읽은 후, 학생들은 자신의 의견을 사설 형식으로 작성한다. 범죄 사건 기사를 읽고 그 사건을 바탕으로 가상의 인터뷰 기사를 작성할 수도 있다.

4) 교과 연계 학습

신문 기사를 교과목과 연계하여 학습한다. 역사적 사건에 대한 기사로 역사 수업을 보완하거나, 과학 기사를 통해 과학적 개념을 이해하는 데 활용한다.

예를 들면, 역사 수업에서 2차 세계대전 관련 기사를 읽고, 해당 사건의 배경과 결과를 분석한다. 과학 수업에서는 최신 과학 연구 결과에 대한 기사를 통해 새로운 과학적 발견과 그 의미를 학습할 수 있다.

5) 지역사회에 대한 이해

지역 신문을 통해 학생들이 지역사회의 이슈와 사건을 분석하고 이해하도록 돕는다. 이를 통해 학생들은 지역사회 구성원으로서의 역할을 인식하고, 지역사회 참여를 촉진한다.

지역 축제나 행사에 대한 기사를 읽고, 그 행사의 중요성과 지역 사회에 미치는 영향을 분석한다. 지역 사회의 주요 인물을 인터뷰하고, 그 내용을 기사로 작성할 수 있다.

6) 미디어 리터러시 교육

신문활용교육은 학생들이 미디어를 비판적으로 소비하고 분석하는 능력을 개발하는 데도 중요하다. 학생들은 신문 기사와 편집 방침, 광고의 역할 등을 분석하여 미디어를 이해한다. 이를 통해 미디어의 영향력을 평가하고, 정보의 신뢰성을 판단하는 능력을 기른다.

학생들은 신문 기사를 평가하고, 가짜 뉴스와 신뢰할 수 있는 정보를 구별하는 방법을 배운다. 이는 정보 과잉 시대에서 정확한 정보를 선택하는 데 필수적인 기술이다.

또, 미디어 제작 경험할 수 있다. 학생들이 직접 기사나 미디어 콘텐츠를 제작하여, 정보의 생산과정과 영향력을 이해한다. 이 경험은 디지털 시대에 필수적인 미디어 리터러시를 강화하는 데 도움이 된다.

신문활용교육은 이러한 다양한 방법을 통해 학생들이 현실 세계와 학습 내용을 효과적으로 연결하고, 다양한 기술과 능력을 개발하는 데 중요한 역할을 한다. 이를 통해 학생들은 현대 사회에서 필요한 비판적 사고 능력과 정보 처리 능력을 기르고, 책임감 있는 시민으로 성장할 수 있다.

신문활용교육(Newspaper In Education, NIE)은 학생들에게 실제적이고 다양한 학습 경험을 제공하는 교육 방법이다. 신문은 단순한 뉴스의 전달자가 아니라, 학습 도구로서 교육적 가치가 높다.

신문활용교육의 교육적 효과는 다음과 같이 다양한 영역에서 나타난다.

첫째, 신문활용교육은 학생들의 언어 능력과 읽기 및 쓰기 능력을 향상시킨다. 신문 기사는 다양한 주제와 어휘를 포함하고 있어, 학생들이 새로운 단어를 배우고 문맥상의 이해를 높이는 데 도움을 준다. 또한, 기사를 요약하거나 주요 내용을 논하는 활동은 학생들의 글쓰기 및 비판적 사고 능력을 발전시킨다.

둘째, 신문활용교육은 학생들이 현재의 사회적, 정치적, 경제적 이슈에 대해 배우고 이해하는 데 기여한다. 이는 학생들이 실제 세계와 연결되는 학습 경험을 하게 하며, 그들의 사회적 인식과 세계에 대한 이해를 넓힌다.

셋째, 신문활용교육은 다양한 학문 영역에 걸쳐 통합적인 학습을 촉진한다. 예를 들어, 과학 기사는 과학 교과의 학습에, 경제 관련 기사는 수학이나 사회 과목의 학습에 연결될 수 있다. 이는 학생들이 다양한 학문 영역을 융합하여 사고하는 능력을 기르는 데 도움을 준다.

넷째, 신문활용교육은 학생들에게 비판적 사고와 분석적 능력을 개발하도록 돕는다. 학생들은 기사의 내용을 분석하고, 다양한 시각에서 정보를 평가하며, 주장에 대한 근거를 찾는 과정에서 비판적 사고력을 키울 수 있다.

마지막으로, 신문활용교육은 학생들에게 뉴스 리터러시 및 미디어 리터러시를 개발하는 데 중요한 역할을 한다. 현대 사회에서는 다양한 미디어 소스를 비판적으로 분석하고 평가하는 능력이 필요하며, 신문활용교육은 이러한 능력을 길러주는 효과적인 수단이다.

이러한 교육적 효과를 통해, 신문활용교육은 학생들이 지식을 적극적으로 탐구하고, 다양한 시각에서 세상을 바라볼 수 있도록 도와준다. 또한, 신문은 학생들이 현재와 미래의 시민으로서 필요한 기술과 지식을 습득하는 데 중요한 역할을 한다.

어린이 신문과 어린이 기자단

1) 어린이 신문을 활용한 NIE

어린이 신문은 어린이들을 주요 독자층으로 겨냥하여 제작되는 신문이다. 이 신문은 어린이들이 이해하기 쉬운 언어와 형식으로 제작되며, 교육적이고 오락적인 내용을 담고 있다. 어린이 신문의 주요 목적은 어린이들에게 뉴스에 대한 관심을 유도하고, 세계에 대한 이해를 넓히며, 독서 습관을 길러주는 것이다.

어린이 신문은 다양한 주제를 다루는데, 여기에는 국내외 뉴스, 과학, 역사, 문화, 스포츠 등이 포함된다. 또한, 퀴즈, 만화, 그림, 단편 소설과 같은 오락적 요소도 많이 포함하여 어린이들의 흥미를 유발한다. 이러한 요소들은 어린이들이 재미있게 학습할 수 있도록 도와주며, 다양한 주제에 대한 호기심을 자극한다.

어린이 신문의 또 다른 중요한 기능은 어린이들에게 비판적 사고 능력과 정보 분석 능력을 길러주는 것이다. 신문은 어린이들이 뉴스를 읽고 이해하는 과정에서 사실과 의견을 구분하고, 다양한 관점을 고려하는 법을 배우게 한다. 이는 어린이들이 미디어 리터러시를 발달시키고, 나아가 사회적 이슈에 대해 더 깊이 있게 사고하는 데 기여한다.

또한, 어린이 신문은 학교 교육과 연계하여 사용될 수 있다. 교사들은 신문 기사를 교육 자료로 활용하여 학생들에게 현실 세계와의 연결을 강화시키고, 교과 과정과 연관된 다양한 주제를 탐구하도록 유도할 수 있다.

디지털 시대의 도래와 함께, 어린이 신문도 전통적인 인쇄 매체에서 디지털 플랫폼으로 옮겨가고 있다. 온라인 신문, 모바일 앱, 소셜 미디어 채널 등을 통해 어린이 신문은 더 많은 어린이들에게 쉽게 접근할 수 있게 되었다. 이러한 변화는 어린이들이 일상에서 디지털 미디어를 사용하는 방식과 일치하며, 어린이 신문의 접근성과 영향력을 더욱 증대시킨다.

어린이 신문은 어린이들에게 정보에 대한 접근, 지식의 확장, 그리고 비판적 사고의 기초를 제공함으로써, 어린이들이 더 나은 미래의 시민이 되도록 하는 중요한 교육적 역할을 하고 있다.

어린이 신문은 어린이 동아, 어린이 조선일보, 소년 한국일보, 소년 중앙 위클리, 어린이 경제 신문 등 신문사에서 별도로 어린이 신문을 발행하거나 어린이 신문만을 단독으로 발행하는 신문사도 있다. 또, 어린이 기자단을 운영하며 발행하는 신문도 있다.

<어린이 동아>는 동아일보사가 1964년에 '어린이의 꿈을 키워주고 정서 생활을 윤택하게 해 준다'는 취지로 창간하였다. 매일 종이 신문과 함께 기사를 발행하고 있다. 어린이 뉴스, 경제 뉴스, 오피니언+NIE, 시사퍼즐, 어린이 기자, 문예상 등으로 구성되어 있다. '동아어린이기자'단을 운영하고 있으며, 기자단 캠프도 매년 열고 있다. 현직 기자들의 취재 노하우와 기사 작성 교육 뿐만 아니라 시사 골든벨 등 레크레이션 프로그램도 진행한다.

<대구어린이신문>은 대구광역시에서 활동하는 대구어린이 기자단이 발행하는 신문이다. 대구 소재 초등학교 4-6학년으로 구성된 지역 어린이 기자들이 직접 취재하고 작성한 기사들로 만들어지며, 대구 지역의 문화, 교육, 행사 등 다양한 분야를 취재하고 있다. 월 1회 종이신문으로, 둘째 주, 넷째 주 목요일에 인터넷 신문으로 발행된다. 대구광역시청에서 운영하고 있다.

2) 어린이 기자단

어린이 기자단은 어린이들이 직접 뉴스 기사를 작성하고, 취재 활동에 참여하며, 신문 제작 과정에 적극적으로 참여하는 프로그램이다. 이러한 프로그램은 어린이들의 미디어 리터러시를 향상시키고, 비판적 사고와 글쓰기 능력을 개발하는 데 중요한 역할을 한다.

어린이 기자단의 주요 활동은 취재 및 기사 작성, 신문 제작 등이 있다.

어린이 기자들은 다양한 현장을 방문하여 직접 취재를 진행한다. 학교 행사, 지역 축제, 박물관 전시 등 다양한 현장을 방문하여 생생한 정보를 수집하고, 그 과정에서 사실 확인의 중요성을 배우게 된다.

예를 들어, 학교 축제나 스포츠 경기를 취재하면서 현장에서 일어난 일들을 기록하고, 참여자들의 생생한 반응을 담는다. 이러한 현장 취재는 어린이들이 직접 발로 뛰며 정보를 얻고, 그 과정을 통해 정보의 신뢰성을 높이는 방법을 배울 수 있게 한다.

또한, 어린이 기자들은 다양한 인물들을 인터뷰하여 그들의 이야기를 기사에 반영한다. 교사, 학생, 지역사회 인사 등 다양한 사람들과의 인터뷰를 통해 의사소통 능력과 공감 능력을 키울 수 있다.

예를 들어, 학교의 새 프로젝트에 대해 교장 선생님을 인터뷰하거나, 지역사회 봉사 활동에 참여한 학생을 인터뷰하면서 그들의 경험과 조언을 기사에 담는다. 이러한 인터뷰 활동은 어린이들이 다양한 관점을 이해하고, 그 관점을 글로 표현하는 능력을 기르는 데 도움이 된다.

기사 작성 활동은 어린이 기자단의 핵심적인 활동 중 하나이다. 어린이 기자들은 취재한 내용을 바탕으로 기사를 작성하며, 이를 통해 글쓰기 능력을 향상시키고 정보 전달의 중요성을 배우게 된다.

예를 들어, 지역 환경 보호 활동에 대한 기사를 작성하면서 활동의 목적, 진행 상황, 참여자들의 반응 등을 담아낸다. 이 과정에서 어린이들은 논리적이고 명확하게 글을 쓰는 법을 배우며, 자신의 생각을 효과적으로 전달하는 능력을 개발한다.

사설 및 칼럼 작성 활동도 중요한 부분을 차지한다. 어린이 기자들은 특정 주제에 대한 자신의 의견을 사설이나 칼럼 형식으로 작성한다. 이를 통해 논리적 사고와 비판적 글쓰기 능력을 기를 수 있다.

예를 들어, 학교 급식 개선에 대한 칼럼을 작성하면서 자신의 의견과 제안을 논리적으로 전개한다. 이러한 글쓰기 활동은 어린이들이 자신의 생각을 체계적으로 정리하고, 설득력 있게 표현하는 능력을 키우는 데 도움을 준다.

신문 제작 과정에서는 어린이 기자단이 신문 제작의 전 과정을 경험할 수 있다. 어린이 기자들은 신문의 주제를 기획하고, 각 섹션을 구성하며, 기사를 편집하고 디자인하는 활동을 한다. 이를 통해 협업 능력과 창의성을 키울 수 있다. 예를 들어, 월간 신문을 기획하여 주요 뉴스, 인터뷰, 사설 등으로 섹션을 나누고, 각 섹션에 맞는 기사를 배치한다.

이 과정에서 어린이들은 팀워크의 중요성을 배우고, 공동의 목표를 위해 협력하는 방법을 익히게 된다.

작성된 신문은 학교나 지역사회에 배포되어 어린이 기자단의 성과를 공유하고 피드백을 받을 수 있는 기회를 제공한다. 완성된 신문을 발표하고 배포하는 과정은 어린이들이 자신의 성과를 자랑스러워하게 만들고, 더 나은 글쓰기를 위한 피드백을 받을 수 있게 한다.

예를 들어, 교내 모임에서 신문을 발표하고, 각 기사의 주요 내용을 설명하며, 학교 도서관이나 지역 커뮤니티 센터에 신문을 배포한다.

미디어 리터러시 교육 또한 어린이 기자단의 중요한 활동 중 하나이다. 어린이 기자들은 다양한 미디어 콘텐츠를 분석하고, 정보의 신뢰성을 평가하며, 가짜 뉴스를 구별하는 방법을 배운다. 이를 통해 비판적 미디어 소비 능력을 기른다.

예를 들어, 서로 다른 신문사의 동일한 뉴스 보도를 비교 분석하여 편향된 보도와 객관적인 보도를 구별하는 연습을 한다. 이러한 교육은 어린이들이 미디어의 작동 방식을 이해하고, 정보를 비판적으로 평가하는 능력을 강화한다.

마지막으로, 기자단 캠프와 워크숍은 어린이 기자들에게 실질적인 저널리즘 경험을 제공하는 중요한 기회이다. 기자단 캠프에서는 현직 기자들의 취재 노하우와 기사 작성 교육을 받을 수 있으며, 다양한 레크레이션 프로그램을 통해 즐겁게 학습할 수 있다.

예를 들어, 기자단 캠프에서 어린이 기자들이 뉴스 기획부터 기사 작성, 신문 제작까지의 전 과정을 체험하고, 시사 골든벨과 같은 퀴즈 대회에 참여하는 활동이 있다.

정기적인 워크숍에서는 글쓰기 워크숍, 사진 촬영 기법 교육, 인터뷰 기술 훈련 등 다양한 프로그램을 통해 지속적으로 새로운 지식을 습득하고 자신의 기술을 발전시킬 수 있다.

3) 어린이 기자단을 통한 교육적 효과

어린이 기자단은 다양한 활동을 통해 어린이들이 직접 뉴스를 취재하고 기사를 작성하며 신문 제작 과정에 참여함으로써 미디어 리터러시를 향상시키고, 비판적 사고와 글쓰기 능력을 개발하는 데 중요한 역할을 한다. 이러한 활동을 통해 어린이들은 현대 사회에서 필요한 다양한 기술과 능력을 습득하고, 책임감 있는 시민으로 성장하는 데 필요한 기초를 다질 수 있다.

(1) 미디어 리터러시 향상
어린이 기자단 활동은 어린이들이 취재, 글쓰기, 사진 촬영, 편집 등 다양한 미디어 관련 기술을 학습할 수 있도록 한다. 이를 통해 어린이들은 미디어의 작동 방식을 이해하고, 정보를 비판적으로 분석하는 능력을 기른다.

(2) 의사소통 능력 개발

취재 과정에서 어린이들은 다양한 사람들과의 인터뷰를 통해 의사소통 능력을 개발한다. 이는 사회적 상호작용 능력을 강화하고, 자신감을 높이는 데 도움을 준다.

(3) 비판적 사고와 분석 능력 향상

어린이 기자단 활동은 어린이들이 다양한 주제에 대해 질문하고, 정보를 분석하며, 자신의 의견을 형성하는 과정을 통해 비판적 사고와 분석 능력을 향상시킨다.

(4) 사회적 이슈에 대한 관심 증진

어린이 기자단 활동은 어린이들이 주변 세계에 대해 더 깊이 이해하고, 사회적 이슈에 관심을 가지도록 동기를 부여한다. 이를 통해 어린이들은 자신의 목소리를 사회적으로 표현하는 기회를 얻는다.

(5) 자신감 및 책임감 형성

기사를 작성하고 취재하는 과정을 통해 어린이들은 자신의 역할에 대해 책임감을 가지고 성취감을 느낄 수 있다. 이는 자신감을 높이고, 책임감 있는 행동을 촉진하는 데 기여한다.

(6) 진로 탐색 기회 제공

어린이 기자단은 어린이들이 언론, 미디어, 저널리즘 등의 분야에 대해 조기에 경험하고 탐색할 수 있는 기회를 제공한다. 이는 어린이들의 진로 선택에 긍정적인 영향을 미칠 수 있다.

(7) 사회적 소통 능력 배양

어린이들은 기자단 활동을 통해 자신의 목소리를 찾고, 더 넓은 세상과 소통하는 법을 배운다. 이는 사회적 소통 능력을 배양하고, 자신감 있게 자신의 의견을 표현하는 데 도움이 된다.

어린이 기자단은 이와 같은 교육적 효과를 통해 어린이들이 현대 사회에서 필요한 다양한 기술과 능력을 개발하고, 책임감 있는 시민으로 성장하는 데 중요한 역할을 한다. 이러한 활동은 어린이들에게 실질적인 사회적 참여 기회를 제공하며, 자신감을 높이고 비판적 사고와 미디어 리터러시를 향상시키는 데 기여한다.

기자단을 활용한 언론 홍보 마케팅

기자단 활동을 어린이 신문 뿐만 아니라 중앙정부, 지방자치단체, 대학교, 기업 등에서도 활용하고 있다.

1) 지방자지단체의 기자단 활용

경기도의 경우 매년 <경기도 기회기자단>을 모집한다. 초등학생, 청소년, 대학생, 성인 등 총 250명을 선발하여 운영하고 있다. 주요 활동 내용은 뉴스 포털 및 공식 블로그에 게재할 콘텐츠 기획 및 생산한다. 도정 주요 현장 및 행사 현장 취재, 인터뷰, 사진 영상을 취재하여 다양한 홍보 활동을 하게 된다.

경기도의 주소를 둔 주민으로 도내의 다양한 지역 소식에 관심이 있고 현장 취재, 인터뷰, 사진 및 영상 취재가 가능해야 한다. 개인 블록, SNS 채널 등을 비영리 목적으로 활발하게 활동하고 있으며 도정 홍보를 위한 개인 채널 활동이 가능해야 한다. 기자단으로 위촉되면 기자증, 기자 수첩 등 취재 물품을 지원하고 소정의 취재 활동비와 원고료 지급한다. 매월 우수 기자를 선정하고 연말에는 우수 기획기자에게 도지사 상장을 수여한다.

지방자치단체의 기자단 운영은 지역 사회를 연결하는 중요한 역할을 한다. 주민이 직접 지역사회의 다양한 사건과 활동에 직접 참여하고 보도함으로써 자신이 속한 지역 사회에 대해 더 깊이 이해하고 소속감을 가지게 한다.

기자단 활동을 통해 지역사회의 중요한 과제에 대해 의견을 제시하고, 공공 문제에 대한 관심과 이해를 높인다. 이는 시민 의식을 강화하고, 민주적 참여를 장려한다.

2) 보도자료를 통한 언론 홍보

지방단체와 중앙정부 기관은 보도자료를 통해 언론 홍보를 진행하는 것이 일반적이다. 보도자료는 해당 기관의 정책, 프로그램, 이벤트, 성과 등을 대중에게 알리는 주요 수단으로 사용된다. 보도자료를 통한 언론 홍보의 효과는 다음과 같다.

첫째, 보도자료를 통해 지방단체나 중앙정부 기관은 신속하게 정보를 대중에게 전달할 수 있다. 이는 특히 긴급한 공지나 중요한 정책 변경 사항을 알릴 때 중요하다.

둘째, 보도자료는 해당 기관의 주요 정책, 프로젝트, 성과 등을 강조함으로써 대중의 인식을 제고하고, 정책에 대한 이해와 지지를 증가시킬 수 있다.

셋째, 정확하고 투명한 보도자료는 대중의 신뢰를 구축하는 데 기여한다.

이는 기관의 신뢰성과 진정성을 대중에게 전달하며, 장기적인 관계 형성에 도움이 된다.

넷째, 기관의 긍정적인 이미지를 구축하고 유지하는 데 중요한 역할을 한다. 성공적인 프로젝트나 이니셔티브를 강조함으로써 기관의 브랜드 가치를 높일 수 있다.

다섯째, 기관과 대중 간의 양방향 소통을 촉진한다. 대중의 의견과 피드백을 수렴하고, 이에 대응하여 추가적인 정보를 제공하는 과정에서 대중과의 관계가 강화될 수 있다.

여섯째, 보도자료를 통해 지방단체와 중앙정부 기관은 언론의 관심을 특정 이슈나 주제에 집중시킬 수 있다. 이는 공공의 의제 설정에 영향을 미치고, 중요한 사회적 대화를 유도하는 데 기여한다.

보도자료를 통한 언론 홍보는 지방단체와 중앙정부 기관이 대중과의 관계를 관리하고, 자신들의 메시지를 효과적으로 전달하는 중요한 수단이다. 이를 통해 기관의 정책과 활동에 대한 대중의 인식을 제고하고, 신뢰를 구축하며, 긍정적인 이미지를 유지할 수 있다.

3) 학부모 기자단

교육청 학부모 기자단은 학교 및 교육 관련 소식을 학부모의 관점에서 보도하고 전달한다. 하는 그룹이다. 이 기자단은 주로 학부모들로 구성되며, 교육청과 협력하여 교육 정책, 학교 행사, 학생들의 성취 등 다양한 교육 관련 소식을 취재하고 보도한다. 교육청 학부모 기자단의 주요 활동과 목적은 다음과 같다.

(1) 교육 소식의 전달과 홍보

학부모 기자단은 교육청의 정책, 학교의 프로그램, 교육적 성과 등에 대한 정보를 학부모와 지역사회에 전달한다. 이를 통해 학부모들이 교육 체계에 대한 이해를 높이고, 학교 활동에 더 적극적으로 참여할 수 있도록 돕는다.

(2) 학부모의 시각과 의견 반영

학부모 기자단은 교육과 관련된 다양한 이슈에 대해 학부모의 시각과 의견을 반영한다. 이는 교육 정책과 실천에 학부모의 목소리를 통합하는 데 중요한 역할을 한다.

(3) 교육 커뮤니티 형성

학부모 기자단은 학부모들 사이의 정보 교환과 네트워킹을 촉진하며, 교육에 대한 공동체적 관심과 참여를 장려한다. 이는 교육 커뮤니티를 강화하고, 학교와 가정 간의 소통을 증진시킨다.

(4) 교육 정책에 대한 피드백 제공

학부모 기자단은 교육 정책과 프로그램에 대한 피드백을 제공하는 채널이 되며, 교육 당국에게 실질적인 학부모의 의견과 반응을 전달한다.

(5) 교육 관련 정보의 신뢰성 증대

학부모 기자단은 교육 관련 정보를 직접 수집하고 검증함으로써, 해당 정보의 신뢰성과 정확성을 높인다. 이는 학부모들이 보다 정확한 정보를 바탕으로 의사결정을 할 수 있도록 돕는다.

교육청 학부모 기자단은 학부모, 학교, 교육 당국 간의 소통과 협력을 촉진하는 중요한 역할을 한다. 학부모들이 교육 과정에 적극적으로 참여하고, 자신의 자녀와 학교 커뮤니티의 교육적 경험을 향상시키는 데 기여한다.

이러한 기자단은 교육 과정에 학부모의 참여를 확대하고, 교육 정책의 효과적인 실행에 중요한 기여를 한다.

4) 기자단 신청 및 운영

기자단의 신청 및 운영은 조직이나 기관의 목표, 대상 그룹, 그리고 제공하고자 하는 경험의 종류에 따라 다양할 수 있다. 일반적으로 기자단의 신청 및 운영은 다음과 같은 단계로 진행된다.

(1) 목표 설정

우선 기관이나 조직은 기자단을 통해 달성하고자 하는 목표를 명확히 해야 한다. 이는 교육, 홍보, 커뮤니티 참여, 브랜드 이미지 향상 등 다양할 수 있다.

(2) 대상 선정

기자단의 대상 그룹을 선정한다. 이는 학생, 학부모, 소비자, 시민 등 특정 커뮤니티에 속한 사람들일 수 있다. 대상에 맞는 기자단을 구성함으로써 보다 효과적인 커뮤니케이션과 참여를 유도할 수 있다.

(3) 신청 절차 마련

기자단을 구성하기 위한 신청 절차를 마련한다. 이는 온라인 신청서, 이력서 제출, 참여 동기 서술 등을 포함할 수 있으며, 때로는 인터뷰나 작문 시험을 포함할 수도 있다.

(4) 선발 과정

신청자 중에서 기관의 목표와 맞는 인원을 선발한다. 이 과정에서는 신청자의 열정, 관련 경험, 커뮤니케이션 능력 등이 고려될 수 있다.

(5) 교육 및 훈련

선발된 기자단원들에게 필요한 교육과 훈련을 제공한다. 이는 뉴스 작성, 취재 기법, 사진 촬영, 비디오 제작 등 미디어 관련 기술을 포함할 수 있다.

(6) 활동 계획

기자단의 활동 계획을 수립한다. 이는 정기적인 미팅, 취재 계획, 기사 작성 및 제출 일정 등을 포함할 수 있다.

(7) 콘텐츠 제작 및 배포

기자단은 콘텐츠를 제작하고 이를 조직의 웹사이트, 소셜 미디어, 뉴스레터, 혹은 협력하고 있는 미디어 플랫폼 등을 통해 배포한다.

(8) 피드백 및 평가

기자단의 활동에 대해 정기적인 피드백을 제공하고, 그들의 성과를 평가한다. 이는 기자단원들의 성장을 지원하고, 프로그램의 효과를 개선하는 데 도움이 된다.

(9) 인센티브 제공

때로는 기자단원들에게 인센티브를 제공하여 동기를 부여할 수 있다. 이는 인증서, 소정의 상금, 특별 이벤트 초대 등 다양한 형태가 될 수 있다.

(10) 지속적인 관리와 지원

기자단은 지속적인 관리와 지원을 통해 효과적으로 운영될 수 있다. 조직은 기자단원들과의 지속적인 소통을 유지하고, 필요한 리소스와 지원을 제공하여 그들의 활동을 촉진해야 한다.

기자단의 성공적인 운영은 조직의 명확한 목표, 체계적인 계획, 효과적인 커뮤니케이션, 그리고 지속적인 지원에 의해 결정된다. 이를 통해 조직은 대중과의 관계를 강화하고, 자신의 메시지를 효과적으로 전달하며, 브랜드 이미지를 개선할 수 있다.

5) 기자단을 활용한 언론 홍보 효과

다양한 조직과 기관에서 기자단을 운영하는 이유는 주로 정보 전달과 커뮤니티 참여를 촉진하고, 효과적인 언론 홍보를 달성하기 위함이다. 교육청의 학부모 기자단, 기업의 소비자 기자단, 지방단체의 시민 기자단 등 각각의 기자단은 조직의 목적과 대상에 맞추어 다양한 역할을 수행하며, 이를 통해 여러 언론 홍보 효과를 기대할 수 있다.

(1) 정보의 신뢰성 및 접근성 향상
조직 내부의 구성원이나 직접적인 이해관계자가 기자단으로 활동함으로써, 제공되는 정보의 신뢰성과 접근성이 향상된다. 이들은 조직의 정책이나 상품, 지역사회의 이슈에 대해 더 깊은 이해를 가지고 있으며, 이를 대중에게 전달할 때 자신의 직접적인 경험과 시각을 반영할 수 있다.

(2) 소통과 참여 촉진
기자단은 조직과 대중 간의 소통 채널로 기능한다. 학부모, 소비자, 시민 등이 직접 뉴스의 생산 과정에 참여함으로써, 그들의 의견과 관점이 조직의 의사 결정 과정에 반영될 가능성이 높아진다. 이는 커뮤니티의 참여를 촉진하고, 조직에 대한 긍정적인 관계를 구축하는 데 기여한다.

(3) 브랜딩 및 이미지 개선
기자단은 조직의 활동과 성과를 적극적으로 알리는 역할을 한다. 특히 긍정적인 이야기나 성공 사례를 보도함으로써 조직의 이미지와 브랜드 가치를 높일 수 있다. 이는 잠재 고객이나 관심 있는 대중에게 조직의 긍정적인 인상을 심어주는 효과적인 방법이다.

(4) 대상 맞춤형 콘텐츠 제작

각 기자단은 특정 대상군을 목표로 활동한다. 학부모 기자단은 교육과 자녀 양육에 관련된 콘텐츠를, 소비자 기자단은 제품 사용 경험과 리뷰, 시민 기자단은 지역사회의 다양한 이슈에 대한 콘텐츠를 제작한다. 이는 대상군에게 보다 관련성 높고 유익한 정보를 제공하는 데 도움이 된다.

(5) 대중의 신뢰 구축

기자단이 제공하는 정보는 조직 외부의 일반인이 제작한 것이기 때문에, 기업이나 정부 기관이 직접 제공하는 정보보다 더 객관적이고 신뢰할 수 있다고 인식될 수 있다. 이는 대중의 신뢰를 구축하고, 조직에 대한 긍정적인 인식을 강화하는 데 기여한다.

기자단 운영을 통한 언론 홍보 효과는 조직의 목적, 기자단의 구성, 그리고 활동 방식에 따라 다양하게 나타난다. 이러한 활동은 정보의 신뢰성과 접근성을 향상시키고, 대중과의 소통을 강화하며, 조직의 브랜딩과 이미지를 개선하는 등 여러 긍정적인 결과를 가져온다.

최은희 기자

가을이 언제였나 싶던 시간이 흘러 겨울에 한참일 때 이 글을 마무리하게 되었습니다. 첫 출간을 하고 벌써 두 번째 출간으로 글을 쓰게 된다는 것이 참 영광스러운 일이네요.

눈 뜨면 하루하루 버티는 인생을 살았던 시기에 그저 주어진 시간을 그럭저럭 보내는 것이 억울하던 시기가 엊그제 같네요. 그래도 한줄 한줄 쓰는 작업에 재미와 의미를 보태며 살아갈 수 있었던 시간의 소중함을 다시 느낍니다.

시간의 중요함을 깨우치게 되는 작업과 하나하나 나를 다져가는 작업이 자존감과 자신감을 되찾게 되어서 참 행복한 시간입니다. 그저 일반인으로 살다가 또 다른 나를 찾아가는 이 길에 나에게 용기와 희망을 주려 합니다. 작은 힘으로 조금씩 나아가는 이 길이 무척 소중하다는 것을 글 쓰는 작업과 준비하는 시간이 알게 해줍니다. 나를 위한 준비시간을 앞으로도 더 알차게 찾아보겠습니다.

- 한국미디어창업뉴스 취재기자
- 한국가양주연구소 전통주 소믈리에 우리술지도사 2급

광고하지 말고 언론하라!

세상을 움직이는 마케팅,
언론이 답이다.

Part 9

칼럼니스트의 역할과 독자와의 공감포인트

CONTENTS

이 시대 칼럼의 역할과 중요성 _____ 227

칼럼 작성 전 준비할 것 _____ 229

칼럼 스타일과 문체 _____ 231

강력한 주장과 논리적인 전개 _____ 234

독자와의 연결과 공감 _____ 236

칼럼이 주는 메시지 _____ 238

이 시대 칼럼의 역할과 중요성

1) 칼럼의 개념과 목적 소개

누구나 살면서 다양한 관점과 생각을 하고 살게 된다. 날씨에 관심이 있을 수 있고 자연의 변화에 관해 관심이 있을 수 있다. 혹은 사회 전반의 전반에 걸쳐 관심을 가질 수도 있게 된다. 그런 관심들을 생각에서 글로 표현하는 것이 칼럼이라고 생각한다.

칼럼은 신문, 잡지, 웹사이트 등으로 개인의 의견이나 생각을 자유롭게 표현하는 글로 특정 관심 주제에 대해 독자들에게 새로운 시각을 제공한다. 주관적인 성격을 강조하더라도 신뢰성 있는 정보와 근거로 독자와의 소통을 끌어내는 것이 칼럼이다.

그렇다면 칼럼의 목적은 자신의 고유한 의견을 표현하는 데 사용된다. 특정 주제에 대해 자신 생각과 견해를 독자들에게 알리는 것을 목표로 하면 된다.

그에 따라 수반되는 작업은 칼럼 주제를 깊이 있는 분석과 해석으로 믿을 수 있는 정보를 제공한다면 독자들에게는 새로운 시각을 제공할 수 있다. 또한 작가의 의견이나 주장은 독자들에게 새로운 영감을 주기도 하고 다양한 의견의 제시로 의견 교환의 장을 마련하기도 한다.

독자들에게 정보와 인사이트 제공을 하는 데 목적이 있다는 것을 잊지 않기를 바란다. 독자들이 더 깊은 이해를 하고 사회적인 문제나 칼럼 주제에 대한 새로운 시각을 제공하게 된다는 것에 목적을 삼기를 바란다.

2) 칼럼 작성의 중요성

칼럼은 현대 사회에서 매우 중요한 역할을 한다. 수 많은 이야기 거리로 넘쳐나서 돌아가는 사회에서 언론 매체나 블로그 등으로 다양한 주제를 작가의 개인적 의견을 주제 설정하여 주제의 이해를 돕기 위한 증거를 분석하고 글로 표현하여 사회적 이슈나 문제에 대한 시각을 제시하여 독자들과 소통하는 수단으로 사용한다.

작가는 칼럼으로 개인적인 의견을 표현하고 주장할 수 있게 되면서 이런 과정으로 자신의 의견을 통해 독자들과 소통하며 가치관과 전문성을 인식시킬 수 있게 된다.

그러는 과정 중에 작가는 사회적인 이슈와 문제에 대한 인식과 이해를 높이거나 독자들이 알고자 하는 마음을 읽어주는 역할을 해야 한다. 사회적인 이슈를 다양하게 분석하고 해석함으로써 새로운 시각과 또 다른 정보를 제공하여 독자들이 칼럼을 통한 인사이트를 느끼게 하는 역할에 충실하기를 바란다.

이를 통해 사회적인 변화와 개선을 끌어낼 수 있는 원동력도 될 수 있게 하는 것이다. 다양한 의견으로 비판과 논란이 될 수도 있겠지만 비판과 논란에 대한 겸허하고 감싸안는 자세도 작가가 독자를 위한 행위가 될 것이다.

> 글을 쓸 때 첫 문장에 매우 신경을 쓰게 된다. 어떻게 시작해야 할지 어려워하게 되는 것은 모두가 겪는 일이 될 것이다. 그와 더불어 주제 설정의 연속성과 일관성으로 칼럼의 작성을 써내려 간다면 칼럼은 논리적인 사고와 글쓰기 능력을 향상시키는데 도움을 주게 된다. 작가는 자신의 의견을 주장하고 논리적으로 전개하기 위해 근거와 사실을 수집하고 분석해야 하는데 이를 통해 능력을 키울 수 있게 되는 것이다. 글쓰기 과정에서 다양한 표현 방법과 문체를 활용하면서 글쓰기 능력을 향상시키는데 도움이 된다.

칼럼 작성 전 준비할 것

1) 주제 선정 및 목적 설정

주제 선정과 목적 설정은 칼럼 작성의 시작이다. 주제를 선택할 때는 내가 관심이 있는 주제를 선택하는 것이 중요하다. 개인의 의견이나 견해를 독자들에게 알리는 것이 목표인 글로 독자들에게도 흥미로운 주제를 제시하기 위해 자신이 관심이 있어야 한다. 그리고 해당 주제에 대한 충분한 정보를 확보하는 준비가 필요하다.

또한, 칼럼을 작성하려면 주제에 대한 명확한 목적을 설정하는 것이 중요하다. 어떤 관점을 제시하고자 하는지, 독자들에게 어떤 메시지를 전달하고자 하는지가 명확해야 한다. 목적 설정은 글의 구성에도 도움을 주게 되므로 목적 설정에 들이는 시간을 아깝게 생각하지 않기를 바란다.

그렇게 설정된 주제와 목적으로 이번에는 독자들의 관심사를 파악하는 것이다. 독자들이 어떤 정보를 원하고 있는지, 어떤 이슈에 관심이 있는지 알아야 한다. 이를 통해 독자들과의 연결고리를 형성할 수 있게 된다. 이러한 주제 선정과 목적 설정의 과정을 통해 나만의 독특한 칼럼을 작성할 수 있고 독자들에게 가치 있는 내용을 제공할 수 있다.

2) 자료 조사와 구조 정리

작성 전 주제 선정이 중요하고 다음으로는 충분한 자료 조사가 필요하다. 신뢰할 수 있는 출처에서 다양한 정보를 수집하고 주제에 대한 다양한 시각과 의견을 알아보는 것이 중요하다. 이를 통해 더 근거 있는 주장을 구성할 수 있게 되는 것이다.

자료 조사를 시작하기 전에는 어떤 종류의 자료가 필요한지 명확히 정의하는 것도 필요하다. 독자를 위한 고민의 시간이 필요하나 자료 조사의 종류가 명확하지 않으면 시간이 걸리고 종류의 불명확함으로 칼럼의 내용도 우왕좌왕하게 된다.

책, 논문, 연구 보고서, 인터뷰, 기사 등 다양한 유형의 자료를 활용할 수 있게 되는데 내가 편하게 접근 가능한 방법을 선택하는 것도 좋다. 단 객관적인 사실을 바탕으로 하는 것임을 잊으면 안 된다.

자료를 조사하면서 주의해야 할 점은 편향된 정보를 피하고 다양한 시각을 수용하는 태도로 준비하는 것이다. 한 가지 의견이 다인 다양한 의견을 참고하여 주제에 대한 다양한 면을 이해하고 독자들에게 풍부한 정보의 글을 제공할 수 있게 되는 것이다.

자료 조사는 칼럼 작성의 핵심 단계로, 충분한 시간과 노력을 투자해야 한다. 신중한 자료 조사를 통해 더욱 근거 있는 내용을 제공할 수 있게 되며, 독자와의 소통에 믿음과 신뢰를 줄 수 있게 된다. 자료 조사를 철저히 하여 의미 있는 칼럼을 작성할 수 있기를 바란다.

이번에는 칼럼의 구조에 관한 이야기를 해보면, 구조가 잘 정리된 글은 내용을 논리적이고 효과적으로 전달될 수 있게 된다. 그렇다면 그 구조란 무엇을 말하는지 알아보자.

처음으로 칼럼의 개요를 작성하는 것이다. 개요란 글의 전체적인 내용과 주제, 목적을 간략하게 서술하는 부분이다. 개요를 통해 글의 방향성을 정하고 목표를 명확히 할 수 있게 된다.

두 번째는 각 단락의 주제를 결정해야 한다. 주제는 칼럼을 작성하는 데 있어 각 단락이 다루게 될 내용을 요약한 것이다. 주제를 결정할 때, 주제와 관련된 핵심포인트와 그를 뒷받침하는 자료를 고려하여 결정하는 것이다.

세 번째는 각 단락의 순서를 정하는 것이 좋다. 논리적인 흐름을 우해 섹션의 순서를 결정하는 것이 중요하다. 주제 간에 서로 연결되는 맥락을 고려하여 순서를 조정하는 것을 추천한다.

네 번째는 각 단락의 내용을 구체화해야 한다. 주제 선정에 맞게 논리적 순서를 정한 후 주요 주장과 뒷받침하는 자료를 단락 내에 구성해야 한다. 글이 풍성함을 제공해 줄 수 있게 된다.

다음으로는 글의 시작과 결론으로 시작은 독자의 관심을 끌고 흥미를 유발하는 역할을 하며 결론은 글의 핵심 메시지를 강조하고 마무리하는 역할을 하는 것으로 마무리를 지으면 될 것이다.

칼럼 스타일과 문체

개인적인 의견과 스타일을 반영하는 칼럼은 다양한 형태가 존재한다. 분석적 형식, 감성적 형식, 문학적 형식, 유머러스한 형식, 개인적 형식 등 간추려 이야기 해 볼 수 있겠다.

분석적 형식은 자신이 정한 주제를 철저하게 분석하고 사실에 기반을 둔 데이터를 주장하는 전개 방식이다. 논리적이고 이성적 합리적 주장과 근거를 강조하며 전문적인 지식과 타당한 추론을 활용하는 방식이다. 예를 들면 건강 칼럼이 그럴 것이다.

> [오현숙 칼럼] '대상포진', 지피지기면 백전백승!
> 대상포진은 항바이러스제 투여를 통해 치료한다. 항바이러스제는 바이러스 감염 후 증상을 감소시키고 빠른 회복을 돕는다. 감염 초기에 발진이 나타난 시점부터 72시간 내 항바이러스제를 가능한 한 빨리 투여하는 것이 치료에 더 효과적이다. 대상포진 예방은 백신 접종으로 가능하다. 대상포진을 앓은 적 없는 노인 3만 8,000명을 추적 관찰한 결과 백신 접종 그룹에서 발생 빈도가 51% 감소한 것으로 밝혀져 그 효과가 입증됐다.
> 출처 : 미디어창업뉴스(http://www.kmedia-news.com/)

감성적 형식은 작가의 감정과 경험을 주관적으로 표현하는 것이다. 감동적인 이야기, 개인적인 경험, 감정적인 표현을 통해 독자의 공감과 감정을 자극하는 것이다. 예를 들면 자기 성자의 칼럼이 있을 것이다.

> [전명희 칼럼] N잡러 엄마로 살아가는 방법
> 결혼을 하고 임신을 하고 모두 좋은 엄마가 되기 위해 노력을 한다. 뱃속에 아이를 품은 열 달 동안 좋은 엄마의 기준이 무엇인지 정확히 알지 못한 채 남들이 하는 모든 것들은 다 하려고 노력한다. 아이가 태어난 순간 엄마의 인생은 애벌레가 번데기를 벗고 나비가 된 것처럼 시원한 기분이 찾아 올 것만 같은 착각이 잠시 든다. 아기의 울음소리와 함께 엄마는 다시 번데기 속 애벌레로 들어가고 싶을 때가 한 두 번이 아니다.
> 출처 : 미디어창업뉴스(http://www.kmedia-news.com/)

문학적 스타일은 말 그대로 문학 작품의 특징을 담고 있다. 수사적인 표현, 비유, 은유, 상징 등을 활용하여 작가의 상상력과 창의성을 발휘하는 것이다. 이 스타일은 독자들에게 예술적인 즐거움도 제공하게 된다. 편안한 접근 방식으로 말할 수 있겠다.

> [이기정 칼럼] 지리산 천왕봉에 새겨진 의병의 울분: 민족의 기억을 새기다.
>
> 최근 지리산 천왕봉 아래에서 발견된 바위글씨는 우리 민족의 역사를 되새기게 하는 중요한 유물로, 그 의미는 단순한 문학적 표현을 넘어선다. 이 글은 구한말 문인 묵희가 지은 것으로, 의병장 권상순의 후손에 의해 2021년에 발견되었으며, 국립공원공단의 조사 결과, 1924년에 새겨진 것으로 확인되었다. 이 바위글씨는 일제강점기의 민족적 울분과 항거의 정신을 생생하게 담고 있어, 현재의 우리에게도 큰 의미를 준다.
>
> 출처 : 한국미디어창업뉴스(http://www.kmedia-news.com)

유머러스 스타일도 독자들이 좋아하는 분야이다. 유머와 재치를 담은 표현으로 독자들에게 웃음과 유쾌함을 전달하게 된다. 위트있는 표현을 사용하여 전달력을 한 층더 업그레이드 할 수 있게 되는 것이다.

다음은 도전적 스타일이라고 할까 싶다. 논쟁적이고 도발적인 특징을 가지고 있어서 작가의 강렬한 어조와 명확한 주장을 통해 독자들의 관심을 끌고, 논란과 토론의 장을 확장하는 역할을 하기도 한다.

마지막으로 개인적 형식으로 작가의 독특함을 반영한다. 자신만의 표현 방식, 어투, 문체 등으로 글을 작성하여 독자들에게 독특한 경험과 인상을 전달하게 되는 방식이다.

강력한 주장과 논리적인 전개

1) 주장의 중요성과 주장의 강화 방법

칼럼에서 주장은 매우 중요한 요소이다. 작가의 의견을 표현하는 핵심적인 요소로 주제에 대한 개인적인 견해와 생각을 주장에 제시하여 전달하게 되어 있다. 작가의 칼럼 목적을 명확하게 전달하여 주장을 통해 독자들에게 무엇을 전달하고자 하는지를 정확하게 표현할 수 있게 된다.

주장에는 논리와 근거를 통해 타당성을 부여한다. 주장을 논리적으로 전개하고 신뢰할 수 있는 근거와 사례를 제시하여 주장의 타당성을 높여준다. 이를 통해 독자들의 관심을 끌고 흥미를 유발하기도 한다.

주장은 독자들과의 토론과 의견 교환을 유도하기도 한다. 그리하여 강력한 주장은 독자들에게 의견을 제시하고 토론의 장을 열어 더 깊은 이해와 인식을 형성하도록 한다. 마지막으로 작가의 개성과 매력을 부각해 주장을 통한 독특한 스타일을 표현하여 새로운 스타일을 전달할 수도 있게 된다.

이런 주장을 강조하는 칼럼 형식으로는 분석적 스타일과 도전적 스타일에 사용될 수 있게 된다. 앞서 설명한 것과 같이 분석적 스타일은 사실과 데이터를 기반으로 분석하고 논리적 주장과 근거를 제시하는 형태이기에 더 설명하지 않아도 이해했을 것으로 생각된다.

또한 도전적 스타일도 독자들의 반응을 유도하고 논쟁을 일으키는 주장을 제시하는 형태이기에 주장을 강력하게 표현하고, 대담하거나 도발적인 어조를 사용하여 독자의 관심을 유도하는 형식을 사용하므로 이 형태도 강력한 주장을 사용하게 된다.

2) 논리적인 전개와 근거 제시의 중요성

"어느 작은 마을에 작가가 살고 있습니다. 이 작가는 사회 문제에 대한 관심이 많았고, 그것을 칼럼을 통해 표현하고자 했습니다. 그래서 그는 한 가지 주제를 선택했습니다. '교육의 중요성'을 선택했습니다."라는 예시를 들면

첫 번째 단락에서 작가는 교육의 중요성에 대한 간략한 소개를 언급할 것이다. 그는 교육이 개인과 사회의 발전에 어떤 영향을 미치는지에 대해 언급한다. 이것으로 독자들에게 주제에 대한 관심을 유발할 수 있다.

두 번째로 작가는 교육이 어떻게 사람들의 삶을 개선하는지에 대해 논리적인 근거를 제시한다. 그러면 그는 교육이 직업 기회를 확장하고 개인의 자아실현을 도와준다는 사실을 언급하고 또 교육이 사회적 불평등을 해소하는 역할을 한다는 예시와 통계 자료를 제시한다.

세 번째로 작가는 교육 개혁의 필요성을 제시한다. 그는 교육의 부재가 미래 세대의 발전을 저해하고 사회 문제를 발생시킬 수 있는 문제점을 강조한다. 이를 통해 독자들에게 교육의 중요성을 더욱 명확하게 전달할 수 있게 된다.

네 번째로 교육 개혁의 필요성을 알리고 현재 교육 시스템의 한계와 개선 방안에 대한 논리적인 주장을 펼칠 것이다. 이를 통행 독자들에게 개선을 위한 대안을 제시하고 독자들의 고민을 유도하며 토론의 장을 오픈시킨다.

마지막으로 교육의 중요성을 강조하여 논리적인 주장을 통해 교육이 개인과 사회의 번영을 위한 필수적인 요소라는 사실을 독자들에게 인식시키

는 것으로 마무리를 짓는다.

이렇게 단계별 구조와 주장의 강조로 칼럼의 주제 선정과 목표 설정의 진행을 명확하게 밝히는 것이다. 그것으로 칼럼의 방향을 제시하는 것이다.

독자와의 연결과 공감

1) 독자와의 강한 연결을 위한 방법

칼럼은 작가의 관심사를 통한 주장으로 독자와의 거리를 좁히는 것이다. 작가와 독자와의 공감 거리를 좁히는 과정에서 독자는 칼럼을 통해 새로운 시각을 만남으로 감동하기도 한다.

작가는 칼럼으로 독자에게 직접적인 질문을 사용할 수도 있다. 참여를 유도하고 의견을 나눌 기회를 제공할 수 있는 것이다. 예를 들면 "당신은 교육 시스템에 어떤 문제점을 느끼시나요?"와 같은 직접적인 질문으로 독자들의 의견을 듣고자 할 수 있게 된다.

개인적인 경험을 공유하는 방법도 있을 것이다. 이 방법은 독자와의 공감대를 형성할 수 있게 된다. 작가가 자신의 경험을 솔직하게 이야기하고 독자들이 공감하거나 공유할 수 있는 주제를 다룬다면 독자들은 작가와의 연결을 더욱 강하게 느낄 수 있다.

혹은 이야기나 비유법을 사용하기도 한다. 주제를 더욱 생동감 있게 전달하고 독자의 호기심과 감정을 자극하게도 한다. 이는 독자들이 작가의 이야기에 더욱 몰입하는 기회를 제공하게 되는 것이다.

대화 형식은 어떨까. 이런 방식은 독자와의 상호작용을 촉진할 수 있게 해준다. 독자의 반론이나 의문을 예상하고 그에 대한 답변이나 해설을 제공하는 형식으로 독자와의 대화를 유도할 수 있다. 이 방법은 독자들이 작가와의 관계를 더욱 적극적으로 형성하고, 칼럼에 대한 흥미와 참여도를 높일 수 있다.

2) 감정적인 요소와 개인적인 경험의 활용

감정적인 요소와 개인적인 경험은 독자와의 공감대를 형성하는 데 매우 효과적인 요소이다. 이 두 요소의 활용으로 친근한 칼럼니스트가 될 수 있다.

작가가 주제와 관련된 감정을 솔직하게 표현하는 경우로 예를 들어 여행에 관한 칼럼에서 작가가 자산의 경험에서 오는 흥미로운 감정을 공유한다면 독자들은 작가와 공감하고 칼럼에 몰입하기가 쉬워질 수 있다.

작가가 자신의 열정이나 분노, 희망 등의 감정들을 표현함으로써 독자들은 작가와 공감하며 주제에 대한 감정적인 연결을 형성할 수 있게 되는 것이다.

독자와의 감정을 유발하는 문장 구성이나 단어 선택을 통해 독자의 감정을 일으킨다. 예를 들면 자기 성장에 관한 칼럼에 감각적인 이야기를 다룬다면 작가는 감정을 자극하는 형용사나 형용사적 표현을 사용하여 독자와의 감정적 연결을 할 수 있게 된다.

작가는 개인적인 경험을 솔직하게 공유하는 것으로 공감대 형성에 도움을 받는다. 교육에 대한 개인적인 이야기의 칼럼, 여행에 대한 개인적인 경험의 칼럼 혹은 어떤 제품에 관한 비교 칼럼 등에서도 작가의 경험에 공감하고 자신 경험과 연결할 수 있게 된다.

작가는 일반적인 상황에 대한 개인적인 의견으로도 공감대를 형성할 수 있게 된다. 예를 들면 자신의 개인적인 해설이나 경험을 통해 독자들에게 익숙한 상황에서의 공감과 이해를 유도할 수 있다. 이를 통해서도 독자들은 작가와의 연결을 느끼며 더욱 주제에 관해 관심을 가질 수 있게 된다.

이러한 감정적인 요소와 개인적인 경험을 활용하는 방법은 작가가 독자들과 더욱 소통하고 공감대를 형성하는 데 도움이 된다. 자신의 감정과 경험을 솔직하게 표현하며, 독자들의 감정과 경험에 공감하는 칼럼을 작성한다면 독자들은 강한 소통을 느끼고 작가의 주장에 더욱 몰입할 수 있게 될 것이다.

칼럼이 주는 메시지

1) 요약의 중요성

칼럼에서 요약도 중요한 역할을 한다. 독자들에게 글의 핵심 내용을 간결하고 명확하게 전달해주기 때문이다. 독자들은 칼럼을 읽기 전에 요약을 통해 전체 내용을 파악하고, 자신의 관심 있는 부분을 집중할 수 있다.

또한 요약은 긴 칼럼을 짧게 요약함으로써 독자들이 시간을 절약하고 더 많은 칼럼을 읽을 수 있게 도움을 줄 수도 있게 된다. 따라서, 요약은 독자들에게 가치 있는 정보를 제공하고 작가의 의도를 명확하게 전달하는 데 도움을 준다.

더불어 요약은 칼럼의 구조와 흐름을 강화한다. 작가는 요약을 통해 칼럼의 구조를 잡고, 내용을 체계적이고 일관적으로 전달하게 한다. 주제를 명확하게 정의하여 핵심 아이디어를 강조하는 데도 도움을 준다.

독자들에게 가치 있는 정보를 제공하여 칼럼을 읽기 전에 작가의 주장, 의견, 주요 사실을 파악하는데 편리하다. 이를 통해 독자들은 자신의 관심사와 일치하는 칼럼을 선택하는 데 시간을 절약할 수 있게 되고 효율적 습득이 가능하게 되는 것이다.

요약을 통해 바쁜 현대에 사는 독자들에게 관심과 호기심을 자극하여 간결하고 흥미로운 요약으로 독자들에게 칼럼을 읽을 동기를 부여하게 된다. 작가가 다루고자 하는 주제와 관련된 중요 정보를 미리 알 수 있어 칼럼에 대한 기대감도 증가시킬 수 있다.

요약은 작가의 전문성을 강조하게 하여 독자로부터 작가의 전문성과 지식을 인정 받을 수도 있게 한다. 또한 글쓰기 기술과 표현력을 강조하는 동시에 주장이나 의견에 대한 신뢰성도 높여준다.

무엇보다도 요약은 독자의 피로감을 줄여준다. 긴 칼럼을 읽는 것은 독자들에게 피로를 줄 수 있다. 간략하게 칼럼을 습득할 수 있게 도와주는 것으로 핵심 아이디어를 간결하게 정리하고 독자들이 칼럼을 읽기 전에 필요한 내용을 파악할 수 있게 도와주는 것도 신뢰도를 높이는 방법이기도 하다.

마지막으로 요약은 독자들의 피드백을 유도하게 한다. 독자들은 요약을 통해 작가의 주장이나 의견을 제시할 수 있다. 이로써 작가는 독자들의 다양한 시각을 수렴하고, 칼럼에 대한 피드백을 받을 수 있다. 작가와 독자와의 상호작용을 촉진하고, 토론과 의견 교환의 기회를 제공하기도 한다.

다시 말해, 요약은 작가의 유일성과 창의성을 강조하게 하는 것이다.

2) 결론의 중요성

칼럼의 핵심 내용을 정리하고, 작가의 주장이나 의견을 강조하는 역할을 합니다. 독자들에게 작가의 주장에 대한 마지막 인상을 남기고, 글을 읽은 후에도 생각할 거리를 제공하게 한다. 또한 결론은 작가가 주제를 잘 마무리하고, 독자들에게 긍정적인 인상을 전달하게 도움을 준다.

예를 들면 출발선은 있는데 도착점이 없는 달리기를 한다는 것을 상상해 보라. 힘겹게 도착했는데 아무런 표시도 없이 그냥 끝나버렸다면 말이다. 아마 우리는 혼란스러워할 것이다. 멈춰야 하는 것인지, 더 가야 하는 것인지 모를 것이다. 달리기했는데 달리기의 경험을 이야기할 수조차 기회를 잃게 될 것이다.

칼럼의 결론도 마찬가지이다. 독자는 글을 읽은 후에 작가의 주장이나 의견이 어떤지, 어떤 결론을 내리는지 궁금하게 된다. 결론은 작가가 글을 마무리하고 독자들에게 마지막 인상을 남기는 역할을 하는 것이다.

또한 결론은 독자들에게 글을 읽은 후에도 생각할 거리를 제공한다. 작가는 결론에서 주제에 대한 깊은 생각이나 고민할 점을 제시함으로써 독자들에게 더 나아가서 생각해 볼 가치 있는 주제를 제시할 수 있다.

결론은 작가의 글이 끝나는 것이 아니라, 독자들의 이해와 토론을 이끄는 시작점이 될 수 있는 것이다. 핵심이자 마무리를 짓는 부분이다. 작가의 주장이나 의견을 강조하고 독자들에게 마지막 인상을 남기며 독자와의 상호작용을 유도한다. 달리기 출발점에서 도착점에 도달하는 순간을 상상해봐라. 독자들에게 글을 읽은 후의 방향성은 물론 감격스러운 감동과 생각할 거리를 제공하는 것이다.

3) 독자에게 남기고자 하는 메시지

칼럼에서 독자에게 전하는 메시지를 강조하는 이유는 여러 가지가 있다. 독자들에게 작가의 의도를 명확하게 전달하고자 하는 것이다. 칼럼을 통해 특정한 주제나 이슈에 대한 의견이나 주장을 전달하기 위함이다. 메시지를 강조함으로써 독자들은 작가의 주장을 이해하고 그 의도를 파악할 수 있게 된다.

독자들에게 감정적인 인상을 주고 공감을 이끌게 된다. 작가는 칼럼을 통해 독자들과 감정적으로 연결하고 공감을 끌어낸다. 메시지를 강조함으로써 독자들은 작가의 감정과 의도를 공유하며, 작가와의 감정적인 연결을 형성할 수 있다.

메시지를 강조는 독자들에게 행동을 유도하고 변화를 유도한다. 독자에게 영감을 주고, 자극하여 행동을 촉구하고자 한다. 베시지를 강조함으로써 독자들은 작가의 의도에 따라 행동할 동기를 얻고, 변화를 이루는 계기를 가질 수 있다.

메시지를 강조는 독자들과의 상호작용과 토론을 유도할 수 있다. 작가는 칼럼을 통해 독자들과의 소통과 토론을 끌어내고자 한다. 작가와의 상호작용을 더욱 활발히 할 수 있으며 서로의 의견을 나누고 교류할 수 있다.

요약하면, 메시지를 강조하는 이유는 독자들에게 감정적인 인상을 주며 메모리에 남는 인상을 남기고, 행동을 유도하며 상호작용과 토론을 유도하기 위함이다. 작가는 독자들과의 소통과 상호작용을 통해 더 나은 세상을 만들언 나갈 수 있는 기회를 얻고자 함이다.

한 칼럼 작성에서 독자들에게 전달하고자 하는 메시지를 설정하는 것이다. 칼럼은 독자들에게 강력한 메시지를 전달하고 영감을 주는 도구이다.

작가는 독자들이 이러한 메시지들을 통해 자기 성장을 이루고 더 나은 사회를 만들 수 있다고 믿는다.

칼럼의 구조는 일반적으로 서론, 본론, 결론으로 이루어진다. 서론에서는 독자의 관심을 끌고 주제를 명확하게 소개한다. 본론에서는 주제에 관한 내용을 구체적으로 전달하고 예시나 이야기를 통해 독자들에게 메시지를 전달한다. 결론에서는 주장을 강화하고 독자에게 마무리를 전달한다.

칼럼 작성은 독자들에게 강력한 메시지를 전달하고 영감을 주는 도구이다. 작가는 독자들이 이러한 메시지들을 통해 자기 성장을 이루고 더 나은 사회를 만들 수 있다고 믿는다.

이러한 메시지들을 종합해 볼 때, 칼럼 작성에 있어서 중요한 요소는 메시지의 명확성, 독자와의 연결, 강력한 주장, 감정적인 영향력 등이다. 작가는 이러한 요소들을 고려하여 칼럼을 작성하고, 독자들에게 영감과 긍정적인 영향을 전달하고자 한다.

이렇게 알려드린 내용은 칼럼 작성에 있어서 중요한 요소와 메시지를 간략하게 요약한 것이다. 여러분이 칼럼 작성을 할 때 이러한 요소들을 고려하면 더 효과적이고 의미 있는 작품을 만들 수 있다. 이를 통해 독자들에게 영감과 긍정을 전달할 수 있을 것이다.

내가 쓰고 싶은 칼럼의 주제와 핵심 내용을 작성해보세요.

에필로그: 언론의 힘, 새로운 시대를 열다

여러분과 함께한 이 여정이 어느덧 마지막 장에 이르렀습니다. "광고하지 말고 언론하라!"라는 제목으로 시작된 이 책은 단순한 홍보 기술을 넘어, 우리 시대의 커뮤니케이션 패러다임을 새롭게 정의하고자 하는 노력이었습니다.

우리는 이 책을 통해 언론의 본질적 가치와 그 힘에 대해 깊이 있게 탐구했습니다. 광고가 넘쳐나는 시대에, 왜 우리는 다시 '언론'에 주목해야 하는지, 그리고 어떻게 언론을 통해 우리의 메시지를 효과적으로 전달할 수 있는지에 대해 이야기했습니다. 이 과정에서 우리는 언론의 역사적 맥락과 현대 사회에서의 역할 변화에 대해서도 살펴보았습니다. 언론이 어떻게 사회의 변화를 이끌어왔는지, 그리고 앞으로 어떤 방향으로 나아갈 것인지에 대한 통찰을 제공하고자 노력했습니다.

이 책의 핵심은 '신뢰'입니다. 언론은 광고와는 달리, 객관성과 공정성을 기반으로 합니다. 따라서 언론을 통해 전달되는 메시지는 더 큰 신뢰를 얻을 수 있습니다. 우리는 이 책에서 어떻게 하면 이 신뢰를 바탕으로 효과적인 커뮤니케이션을 할 수 있는지, 그 구체적인 방법들을 살펴보았습니다. 또한, 신뢰를 구축하고 유지하는 것이 얼마나 어려운 일인지, 그리고 한 번 잃어버린 신뢰를 회복하는 것이 얼마나 힘든 과정인지에 대해서도 깊이 있게 다루었습니다.

디지털 시대의 도래와 함께 언론의 형태와 역할도 크게 변화했습니다.

에필로그: 언론의 힘, 새로운 시대를 열다

우리는 이 변화의 흐름을 정확히 이해하고, 이를 활용하는 방법에 대해 깊이 있게 다루었습니다. AI와 빅데이터를 활용한 새로운 홍보 전략, 멀티채널 캠페인 구축 방법, 그리고 소셜 미디어와의 시너지 효과를 극대화하는 방안 등, 디지털 시대의 언론 홍보 전략을 상세히 살펴보았습니다. 특히 AI의 발전이 언론계에 미칠 영향과 이에 대한 대응 방안에 대해서도 심도 있게 논의했습니다. AI가 제공하는 기회와 동시에 그것이 가져올 수 있는 윤리적 문제들에 대해서도 균형 잡힌 시각을 제시하고자 노력했습니다.

그러나 이 모든 것의 근간에는 '콘텐츠'가 있습니다. 아무리 좋은 전략이 있어도, 전달할 내용이 가치 없다면 그 효과는 미미할 수밖에 없습니다. 그래서 우리는 가치 있는 콘텐츠를 어떻게 만들어내고, 어떻게 효과적으로 전달할 수 있는지에 대해 많은 지면을 할애했습니다. 콘텐츠의 질을 높이는 방법, 독자의 관심을 끌 수 있는 스토리텔링 기법, 그리고 다양한 미디어 플랫폼에 맞춘 콘텐츠 최적화 전략 등을 상세히 다루었습니다. 또한, 콘텐츠의 윤리적 측면에 대해서도 깊이 있게 고찰했습니다. 어떻게 하면 우리의 메시지를 효과적으로 전달하면서도 사회적 책임을 다할 수 있을지에 대한 방안을 제시했습니다.

특히 이 책은 단순히 대기업만을 위한 것이 아닙니다. 우리는 스타트업과 중소기업들이 어떻게 제한된 자원으로 최대의 효과를 낼 수 있는지, 그 구체적인 전략들을 제시했습니다. 이는 우리 경제의 허리인 중소기업과 미래의 성장 동력인 스타트업들에게 실질적인 도움이 될 것입니다. 더불어 지역 기반의 소규모 기업들이 어떻게 지역 언론을 활용하여 성장할 수 있는지

에필로그: 언론의 힘, 새로운 시대를 열다

에 대한 방안도 자세히 다루었습니다. 지역 경제 활성화와 균형 발전이라는 관점에서 이 부분은 특히 중요한 의미를 가집니다.

그러나 언론 홍보에는 항상 위험이 따릅니다. 잘못된 대응 한 번으로 기업의 이미지가 크게 실추될 수 있습니다. 그래서 우리는 위기관리와 대응 전략에 대해서도 심도 있게 다루었습니다. 이를 통해 여러분은 더욱 안전하고 효과적인 언론 홍보 활동을 펼칠 수 있을 것입니다. 특히 소셜 미디어 시대에 빠르게 확산되는 부정적 여론에 대한 대처 방안, 그리고 위기를 오히려 기회로 전환하는 전략 등을 자세히 설명했습니다. 이러한 지식은 현대의 불확실한 비즈니스 환경에서 더욱 중요해지고 있습니다.

이 책을 마무리하며, 우리는 다시 한 번 '언론의 힘'을 강조하고 싶습니다. 언론은 단순히 정보를 전달하는 도구가 아닙니다. 그것은 우리 사회의 가치관을 형성하고, 중요한 이슈에 대한 담론을 이끌어내는 강력한 힘을 가지고 있습니다. 따라서 언론을 통한 홍보는 단순히 상품이나 서비스를 알리는 것을 넘어, 우리 사회에 긍정적인 영향을 미칠 수 있는 강력한 도구가 될 수 있습니다. 이는 기업의 사회적 책임(CSR)과도 밀접하게 연관됩니다. 우리는 이 책을 통해 기업이 어떻게 언론을 통해 사회적 가치를 창출하고, 이를 통해 장기적인 성장을 이룰 수 있는지에 대해서도 깊이 있게 다루었습니다.

우리는 이 책을 통해 여러분이 단순한 '광고주'가 아닌, '오피니언 리더'

에필로그: 언론의 힘, 새로운 시대를 열다

로 성장할 수 있기를 바랍니다. 여러분의 브랜드가 단순히 제품이나 서비스를 파는 것을 넘어, 사회에 의미 있는 가치를 전달하는 존재로 거듭나기를 희망합니다. 이는 단순한 이상이 아닙니다. 현대 소비자들은 브랜드의 가치와 철학에 주목합니다. 따라서 의미 있는 가치를 전달하는 것은 곧 비즈니스의 성공으로 이어질 수 있습니다.

이 책은 끝이 아닌 새로운 시작입니다. 여러분이 이 책에서 배운 지식과 전략들을 실제 현장에서 적용하고, 그 결과를 다시 피드백하며 발전시켜 나가기를 바랍니다. 우리의 미디어 환경은 계속해서 변화할 것이고, 그에 따라 우리의 전략도 진화해야 할 것입니다. 이 책에서 다룬 내용들은 여러분의 실천과 경험을 통해 더욱 풍성해지고 발전할 수 있을 것입니다.

우리는 또한 이 책이 언론과 기업, 그리고 소비자 사이의 건강한 관계 형성에 기여하기를 바랍니다. 언론의 공정성과 객관성, 기업의 투명성과 책임, 그리고 소비자의 현명한 판단이 어우러질 때, 우리 사회는 더욱 발전할 수 있을 것입니다. 이 책이 그러한 선순환의 시작점이 되기를 희망합니다.

마지막으로, 이 책을 읽어주신 모든 분들께 진심으로 감사드립니다. 여러분의 관심과 열정이 이 책을 완성하게 해주었고, 또 앞으로 더 나은 미디어 환경을 만들어갈 수 있는 원동력이 될 것입니다. 우리는 이 책이 여러분의 비즈니스 성공에 실질적인 도움이 되기를 바라며, 동시에 우리 사회의 커뮤니케이션 문화를 한 단계 발전시키는 데 기여하기를 희망합니다.

에필로그: 언론의 힘, 새로운 시대를 열다

"광고하지 말고 언론하라!" 이 외침이 여러분의 성공을 위한 나침반이 되기를, 그리고 우리 사회를 더 나은 방향으로 이끄는 등대가 되기를 진심으로 희망합니다. 이제 우리 함께 새로운 커뮤니케이션의 시대를 열어갑시다. 이 여정에서 우리는 끊임없이 학습하고, 적응하며, 혁신해 나가야 할 것입니다. 혁신의 과정을 통해 우리는 더 나은 기업, 더 나은 사회, 그리고 더 나은 세상을 만들어갈 수 있을 것입니다.

여러분의 앞날에 언제나 빛나는 성공과 행운이 함께하기를 기원합니다. 그리고 우리가 함께 만들어갈 새로운 미디어 시대를 기대하며, 이 책을 마무리하고자 합니다. 여러분의 도전과 성공을 응원합니다.

이 책은 끝이 아닌 시작입니다. 한국미디어창업뉴스 편집국은 앞으로도 변화하는 미디어 환경 속에서 여러분에게 가장 유용한 인사이트를 제공하기 위해 노력할 것입니다.

감사합니다.

2024년 8월 한국미디어창업뉴스 편집국 드림